DEN NYA KOKBOKEN FÖR ATLETER

100 LÄCKRA RECEPT SOM HJÄLPER DIG BYGGA MUSKEL

Gun Sjöberg

Alla rättigheter förbehållna.

varning

Informationen i den här e-boken är avsedd att fungera som en omfattande samling av strategier som författaren till denna e-bok har forskat om. Sammanfattningar, strategier, tips och tricks rekommenderas endast av författaren, och att läsa den här e-boken garanterar inte att ens resultat exakt speglar författarens resultat. Författaren till e-boken har gjort alla rimliga ansträngningar för att tillhandahålla aktuell och korrekt information till e-bokens läsare. Författaren och dess medarbetare kommer inte att hållas ansvariga för eventuella oavsiktliga fel eller utelämnanden som kan hittas. Materialet i e-boken kan innehålla information från tredje part. Tredjepartsmaterial omfattar åsikter som uttrycks av deras ägare. Som sådan tar e-bokens författare inget ansvar eller ansvar för material eller åsikter från tredje part.

E-boken är copyright © 2022 med alla rättigheter förbehållna. Det är olagligt att omdistribuera, kopiera eller skapa härledda verk från denna e-bok helt eller delvis. Inga delar av denna rapport får reproduceras eller återsändas i någon form reproduceras eller återsändas i någon form utan skriftligt uttryckt och undertecknat tillstånd från författaren.

INNEHÅLLSFÖRTECKNING

INNEHÅLLSFÖRTECKNING 3
INTRODUKTION 7
   1. Protein köttbullar 9
   2. Kalkon, äpple och salvia köttbullar 11
   3. Asiatiska köttbullar med Hoisin Apple Glaze 14
   4. Rostad ekollon squash med kycklingköttbullar 18
   5. Superfood Overnight Oats 22
   6. Kryddig Kyckling Med Couscous 24
   7. Snabb Harissa kyckling och Tabbouleh 27
   8. Enbricka Cashew Kyckling 30
   9. Loaf Tenn Lasagne 33
  10. Harissa kyckling och marockansk couscous 36
  11. Buffalo Chicken Pasta Sallad 40
  12. Kyckling, sötpotatis och grönsaker 43
  13. Asiatisk jordnötssmör sesamkyckling 46
  14. Grill kyckling och ris 49
  15. Lågkalkande lime- och chili-kalkonburgare 52
  16. Malaysisk kycklingsatay 54
  17. Kyckling Tikka Masala 58
  18. Förberedelse av kokosnötskyckling och ris i en pott 61
  19. BBQ Pulled Chicken Mac N Cheese 65
  20. Jordnötssmör Kyckling Curry 69
  21. Fajita Pasta Bake 72
  22. Krämig citron- och timjankyckling 75
  23. Kyckling och Chorizo Paella 78
  24. Lätt förberedelse för måltidsskål för protein 81
  25. Brynt tonfiskbiff och klyftor sötpotatis 85
  26. Snabb kryddig cajunlax och vitlökig grönsak 89
  27. Tonfiskpastasallad 92
  28. Lax Poke Bowl 95

29. KEDGEREE MED HÖG PROTEINHALT...98
30. KRYDDAT LAMM MED FETABULGUR...101
31. MAGER, KRÄMIG KORVPASTA...104
32. SÖTPOTATIS OCH CHORIZO HASH...107
33. TERIYAKI BEEF ZOODLES..110
34. BAKAD FETACOUSCOUS..113
35. EN-POTT LINS DAHL..116
36. SÖT PAPRIKA VEGANSK SKÅL OCH CHOKLADPROTEINBOLLAR.......................120
37. ULTIMATA 15-MINUTERS VEGANSKA FAJITAS...124
38. KRISPIGA TOFU OCH TERIYAKI NUDLAR..127
39. VEGANSK LINS BOLOGNESE..131
40. FRUKOSTBURRITOS HELA VECKAN..134
41. BURRITO BURKAR...138
42. ULTIMATE HÖGPROTEINFYLLD PAPRIKA PÅ 4 SÄTT..141
43. ITALIENSKA KYCKLINGKÖTTBULLAR MED SPAGHETTI.......................................143
44. MEDELHAVET TURKIET KÖTTBULLAR MED TZATZIKI..147
45. VEGGIE OCH NÖTKÖTTBULLAR MARINARA...151
46. HONUNG GRILL KYCKLING KÖTTBULLAR...154
47. KALKON SÖTPOTATIS KÖTTBULLAR...157
48. LÄTT MEXIKANSK KIKÄRTSSALLAD..159
49. TOFU OCH SPENAT CANNELLONI..162
50. KOKOS CURRY LINSSOPPA..165
51. INDISK CURRYQUINOA..168
52. GRILLADE GRÖNSAKER PÅ VIT BÖNMOS...171
53. UGNSROSTAD SEITAN...174
54. KIKÄRTSTOFU..177
55. BRÄSERAD TOFU...180
56. KRYDDIG JORDNÖTSSMÖR TEMPEH...183
57. RÖKIG KIKÄRTS TONFISKSALLAD..186
58. THAILÄNDSK QUINOASALLAD...189
59. TURKISK BÖNSALLAD..192
60. GRÖNSAKS- OCH QUINOASKÅLAR..195
61. WOKA TOFU MED MANDELSMÖR..198
62. QUINOA KIKÄRTS BUDDHA SKÅL..201
63. SEITAN PARMESAN...204
64. RÖDA LINSBIFFAR...207

65. Ruccola pesto och zucchini..................210
66. Vegetarisk gryta..................213
67. Rostad brysselkål..................216
68. Avokado kikärtsmacka..................218
69. Panna quinoa..................220
70. Klibbig tofu med nudlar..................223
71. Vegansk BBQ teriyaki tofu..................226
72. Groddar med gröna bönor..................229
73. Crusted tofu med rädisa..................231
74. Linslasagne..................234
75. Linseköttbullar..................237
76. Medaljonger med hasselnötsskorpor..................240
77. Fläskkotletter med njutning..................243
78. Fläsk med spaghetti squash..................246
79. Kryddig quinoa falafel..................249
80. Butternut squash galette..................252
81. Quinoa med currypasta..................255
82. Bakat rökigt morotsbacon..................258
83. Lax över spaghetti squash..................260
84. Pocherad lax på purjolök..................263
85. Grillad svärdfisk med salsa..................265
86. Tonfiskbiffar med majonnäs..................267
87. Klämda vintersquash..................269
88. Spittar pilgrimsmusslor..................271
89. Seitan och svarta bönor..................274
90. Curry tofu täcker..................277
91. Thailändsk sallad med tempeh..................280
92. Pfylld quinoabar..................283
93. Cchoklad chunk cookies..................285
94. Shelvete edamame dip..................288
95. Matcha cashewkoppar..................290
96. Cchokoladeskivor av kikärt..................292
97. Svet gröna kakor..................294
98. Banana barer..................296
99. Protein munkar..................299
100. Honey-sesam tofu..................302

SLUTSATS..**305**

INTRODUKTION

Ingen ägnar lika mycket uppmärksamhet åt vad de äter som en kroppsbyggare. Kalorierna måste vara rätt och makron måste balanseras, och vi kan inte glömma mikron heller.

Sedan finns det de olika dietfilosofierna som tävlar om polpositionen - intermittent fasta, kolhydratcykling, ketogen och flexibel bantning, för att nämna några. Tja, oavsett dina preferenser kommer dessa bodybuildingrecept att täcka dig.

Du hittar lite av allt här för att göra din måltidsförberedelse framgångsrik, från högkalori och högkolhydrat till lågkolhydrat och lågkolhydrat, snabbt och enkelt till mer involverat (och givande!). Och det finns gott om protein också, såklart!

Bodybuilding är en delikat balans mellan att bygga muskler och bränna fett. Du behöver tillräckligt med kalorier för att öka muskelmassan, men du behöver också ett kaloriunderskott för att bränna bort lagrat fett. Det låter omöjligt, men det är det inte. Hemligheten? Grundläggande matematik. Eller, som det kallas i fitnessvärlden: energibalansekvationen. Enkelt uttryckt, ju mer muskelmassa du har, och ju mer aktiv du är, desto mer behöver du äta. Det beror på att ju mer muskelmassa du har, desto mer energi (tack, mat!) krävs för att flytta runt den muskeln. Allt från grundläggande funktioner som andning, matsmältning och ditt hjärtslag, till att gå runt och bära tvätten uppför trappan, eller mer avsiktlig träning som att springa eller pressa rejäla vikter på gymmet – din kropp behöver energi, och om du gör det. alla dessa uppgifter med mer mager muskler behöver du mer bränsle.

Innan du springer till kylen, låt oss titta på andra änden av spektrumet. När vi äter mer kalorier än vad vår kropp använder, lagras alla dessa extra kalorier som fett. Detta är anledningen till att många människor som gorgar för att bli starka aldrig faktiskt blir magra och strimlade. De kan verkligen bli starkare, men att bli mager betyder att man skär ut extra kalorier. Det finns fortfarande andra faktorer att ta hänsyn till, som dålig matkvalitet, bristande timing av näringsämnen och felaktiga förhållanden mellan makronäringsämnen. Alla kalorier är naturligtvis inte skapade lika. Vi vill ge energi till vår kropp med de bästa byggstenarna, vid rätt tidpunkt för att driva vår träning, förbättra vår prestation, växa mer muskler och bli av med extra kroppsfett.

1. Protein köttbullar

Serverar: 12

Ingredienser:

- 0,8 - 1 lb magert nötfärs (95 % magert kött/5 % fett)
- 1 liten gul lök, riven
- ¼ kopp färsk persilja, finhackad
- 1 ägg
- ⅓ kopp torrt brödsmulor
- 1 tsk salt och ½ tsk peppar

Vägbeskrivning:

a) Värm ugnen till 425 grader.

b) Klä en kantad bakplåt med bakplåtspapper.

c) Blanda alla ingredienser i en mixerskål. Använd händerna och blanda försiktigt ingredienserna tills de är väl integrerade.

d) Forma köttet till bollar, 1 tum i diameter genom att försiktigt rulla mellan händerna. Lägg på bakplåtspapper, lämna minst 1 tum mellan varje.

e) Grädda i 12 minuter. Ta ut ur ugnen och servera eller lägg till marinara.

2. Kalkon, äpple och salvia köttbullar

Serverar: 20

Ingredienser:

- 1½-2 pund malen kalkon
- 1 stort äpple, rivet (ca 1 kopp, packat, skala om du föredrar det, men det gjorde jag inte)
- ½ kopp finhackad söt lök
- 2 stora ägg, vispade
- 2 msk kokosmjöl
- 2 lättpackade matskedar hackade färska salviablad
- ½ tesked muskotnöt
- Generös nypa salt
- ½ tesked mald svartpeppar

Vägbeskrivning:

a) I en stor blandningsskål, rör ihop kalkon, äpple, lök, ägg och kokosmjöl tills det kombineras. Rör sedan ner salvia, muskot, salt och peppar tills smakerna är jämnt fördelade.

b) Skopa till 3 matskedar bollar och rulla mellan handflatorna för att jämna ut dem.

c) Värm ugnen till 350 grader och förvärm ett par matskedar olja i en ugnssäker stekpanna. Fräs köttbullarna med minst en tums mellanrum tills botten är mörkbrun och krispig (ca 3-5 minuter) och vänd sedan och gör likadant på andra sidan.

d) För över formen till den förvärmda ugnen och grädda i 9-12 minuter tills den är genomstekt (ingen rosa finns kvar i mitten). Mina var perfekta efter 10 minuter.

e) Förvara kokta eller okokta köttbullar i en lufttät behållare i kylen i upp till 3 dagar, eller i frysen i upp till 3 månader.

3. Asiatiska köttbullar med Hoisin Apple Glaze

Serverar: 24

Ingredienser:

Till köttbullarna

- ½ lb cremini-svamp, grovt hackad (stjälkar borttagna)
- 1 kopp All-Bran Original flingor
- 1 lb extra mager kalkon
- 1 ägg
- 1 vitlöksklyfta, finhackad
- ½ tsk rostad sesamolja
- 1 tsk reducerad natriumsojasås
- 2 msk koriander, finhackad
- 2 msk salladslök, finhackad
- ¼ tesked salt
- ¼ tesked peppar

Till såsen och garneringen

- ¼ kopp hoisinsås
- ¼ kopp risvinsvinäger

- 1 kopp osötad äppelmos
- 2 msk äppelsmör
- 1 matsked reducerad natriumsojasås
- 1 tsk sesamolja

Valfri garnering

- Jordnötter, krossade
- Salladslök, tunt skivad
- sesamfrön

Vägbeskrivning:

Till köttbullarna:

a) Värm ugnen till 400 F och klä en stor bakplåt med bakplåtspapper eller en silpat.

b) Använd en matberedare och pulsa svampen tills de får en köttfärsliknande konsistens. Överför till en skål.

c) Tillsätt All-Bran i matberedaren och bearbeta tills det når ett pulver. Lägg till i skålen.

d) Blanda i kalkon, ägg, vitlök, rostad sesamolja, soja, koriander, salladslök, salt och peppar. Rulla till 24 bollar och lägg på plåten.

e) Grädda i 15-18 minuter, eller tills de är gyllenbruna på utsidan och helt genomstekta på insidan.

Till såsen och garneringen:

f) I en stor kastrull, kombinera hoisinsås, vinäger, äppelmos, äppelsmör, sojasås och sesamolja och låt sjuda på medelhög värme tills det är helt blandat och tjockt.

Att bygga ihop:

g) När köttbullarna är kokta, tillsätt dem i pannan med såsen och rör tills de är väl täckta.

h) Garnera med krossade jordnötter, sesamfrön och skivad salladslök, om så önskas.

4. Rostad ekollon squash med kycklingköttbullar

Serverar: 4

Ingredienser:

- 2 ekollon squash
- 1 msk olivolja
- Havssalt och nymalen peppar
- 3 vitlöksklyftor, hackade
- 3 salladslökar, grovt hackade
- 1 kopp korianderblad (stjälkar borttagna)
- 1 pund extra mager mald kyckling
- 2 tsk malen spiskummin
- $\frac{1}{4}$ kopp panko
- $\frac{1}{4}$ till $\frac{1}{2}$ kopp Kläcka grön chili, hackad
- 2 msk pinjenötter
- $\frac{1}{4}$ kopp Cotija ost - smulad (valfritt)
- 1 avokado, skal och grop borttagen
- 2 msk vanlig yoghurt
- 1 msk olivolja majonnäs

- Kärnmjölk att tunna om det behövs
- Ytterligare koriander till garnering

Vägbeskrivning:

a) Värm ugnen till 400 grader (375 grader i varmluftsugn). Skiva försiktigt båda ändarna av din squash. Skiva den återstående biten i rundor från 1½ till 3 tum - det kan vara 2 eller 3 bitar. Lägg på en plåt, pensla med olivolja och smaka av med salt och peppar. Placera i mitten av din förvärmda ugn i 15 till 20 minuter medan du gör fyllningen.

b) Tillsätt vitlök, salladslök och koriander i skålen på en matberedare. Pulsera några gånger tills den är finhackad men inte mosad.

c) Tillsätt korianderblandningen i en stor mixerskål med den malda kycklingen. Tillsätt spiskummin och panko. Blanda väl. Händerna fungerar bäst! Vik i grön chili, pinjenötter och cotija om du använder. Blanda inte för mycket, men försök att blanda i hela kycklingblandningen. Forma till 4-5 bollar beroende på antalet ekollon squashskivor och dina preferenser.

d) Ta bort squashen från ugnen. Lägg en köttbulle i mitten av varje skiva. Återgå till ugnen i ytterligare ca 25 minuter. Tiden beror på storleken på dina köttbullar. Om du sticker en gaffel i köttbullen ska den vara ganska fast, och squashen ska vara ganska mör.

e) Medan köttbullarna och squashen tillagas, kombinera avokado, yoghurt, majonnäs, salt och peppar i en mixer eller matberedare. Bearbeta tills den är slät. Kontrollera kryddningen. Tillsätt kärnmjölk till önskad konsistens. Jag gillar den lite lösare än majonnäs – tjock, inte rinnig!

f) När du är redo att servera, lägg en klick av avokadocrema på varje servering och garnera med koriander. Njut av!

5. Superfood Overnight Oats

Serverar: 1

Ingredienser

- 75g mjölkfri yoghurt
- 50g Instant Oats
- 125 ml mandelmjölk
- 1 msk mandelsmör
- 1 tsk kanel
- Nypa salt

Vägbeskrivning

a) Blanda alla ingredienser i en burk eller skål och rör om väl.

b) Täck över och ställ i kylen i minst 4 timmar eller över natten, och njut sedan av din härligt fylliga och krämiga havre!

6. Kryddig Kyckling Med Couscous

Portioner 4

Ingredienser

- 1 msk currypasta
- 1 msk mango chutney
- 1/2 tsk gurkmeja
- 1 portion salt (efter smak)
- 50 ml olivolja
- 4 kycklingbröst
- 300 g couscous
- 350 ml grönsaksfond
- Tillval:
- Granatäpplekärnor
- Koriander

Vägbeskrivning

a) För att göra en marinad till din kyckling, tillsätt currypasta, chutney, gurkmeja, salt och olivolja i en skål och blanda väl.

b) Skär varje kycklingbröst på mitten innan du lägger i marinaden. Rör om väl tills all kyckling är täckt.

c) Låt kycklingen stå åt sidan i minst 20 minuter - helst i kylen över natten.

d) Hetta upp en grillpanna på medelvärme och lägg ut dina kycklingbitar. Grilla kycklingbitarna i 5-6 minuter på varje sida, eller tills de är gyllene och lätt förkolnade.

e) Lägg under tiden couscousen i en stor skål och häll försiktigt i den kokande grönsaksbuljongen. Täck skålen med ett lock och låt stå och dra i couscousen i ca 5 minuter.

f) Fluffa din couscous med en gaffel och lägg till det du vill ha. Granatäpplekärnor är bra för färg och smak.

g) Dela din couscous i 4 burkar innan du toppar med två stycken marinerad kyckling. Avsluta rätten med ett strö koriander.

7. Snabb Harissa kyckling och Tabbouleh

Gör: 4 måltider

Ingredienser

- 50 g harissapasta
- 1 tsk extra virgin olivolja
- 1 nypa sälsalt
- 3 x kycklingbröst (prova skin-on för extra smak)
- 180 g bulgarvete eller couscous (torrvikt)
- 40 g persilja (stjälkar och blad)
- 20 g myntablad
- 6-8 x vårlökar
- 1/2 en gurka
- 4 x tomater
- 6 msk grekisk yoghurt
- 1/2 citron (saft och skal)
- 1 vitlöksklyfta (hackad)
- 1 nypa havssalt
- 1 näve granatäpplekärnor (valfritt)

Vägbeskrivning

a) Till kycklingen: Värm ugnen till 190°C. Blanda harissapastan, olivolja och en nypa salt i en liten skål.

b) Skär topparna på kycklingbrösten med en vass kniv och gnid sedan harissablandningen över kycklingbrösten och in i skårorna.

c) Medan du väntar, gör tabbouleh. Koka bulgarvete eller couscous enligt anvisningarna på baksidan av förpackningen. När den är kokt, låt rinna av, häll i en stor blandningsskål och separera kornen med en gaffel. Låt svalna.

d) Finhacka persilja, myntablad, vårlök, gurka och

e) Till dressingen: Blanda helt enkelt den grekiska yoghurten, citronsaft och skal, finhackad vitlök och havssalt i en skål.

f) När alla komponenter är klara, dela mellan tre Tupperware-behållare. Låt svalna, kyl sedan och förvara i upp till 3 dagar.

8. Enbricka Cashew Kyckling

Gör: 4 måltider

Ingredienser

- 3 msk cashewsmör
- 2 msk sojasås
- 2 msk lönn eller agavesirap
- 2 vitlöksklyftor
- 1 tsk Chinese five spice
- 4 kycklingbröst (tärnade)
- 1 huvud broccoli (skuren i buketter)
- 40 g cashewnötter
- 2 röda chili (tärnade)
- Handfull färsk koriander
- 300 g basmatiris (kokt)

Vägbeskrivning

a) Värm ugnen till 200°C eller 180°C för fläktstöd. I en stor skål, vispa ihop cashewsmör, sojasås, lönnsirap, vitlök och fem kryddor.

b) Lägg de tärnade kyckling- och broccolibuketterna i skålen och täck väl.

c) Häll innehållet i skålen i en djup bakplåt och grädda i 20 minuter.

d) Rosta under tiden dina cashewnötter. Hetta upp en stekpanna på hög värme, tillsätt cashewnötterna och rör inte på dem förrän de börjar få färg och poppar lite. Rör om och låt bryna på andra sidan.

e) När cashewkycklingen och broccolin är gräddade, rör ner cashewnötterna och chilin, dela och lägg i Tupperware-lådor med det kokta basmatiriset. Strö lite hackad koriander över varje och ställ i kylen. Lätt!

9. Loaf Tenn Lasagne

Gör: 4 portioner

Ingredienser

- 1 tsk kokosolja
- 1 vit lök, grovt hackad
- 2 vitlöksklyftor, fint hackade
- 1 matsked torkad oregano
- 350 g kalkonfärs
- 600g hackade tomater eller tomatpassata
- 300 g lasagneplattor
- 1 zucchini
- 1 tsk havssalt och svartpeppar
- 400 g keso
- 3 äggvitor
- 100 g ost med låg fetthalt (riven)

Vägbeskrivning

a) Gör först din kalkonragu. Tillsätt kokosoljan i en kastrull på medelhög till hög värme. Tillsätt löken och fräs i 3-4 minuter, tillsätt sedan vitlöken och fräs i ytterligare 2 minuter (om du använder de pulveriserade versionerna, tillsätt dem efter nästa steg).

b) Tillsätt sedan kalkonfärsen och bryt upp den lite med en spatel, låt den sedan bryna i 3-4 minuter, rör om då och då. Rör ner oregano, ½ tsk salt och peppar och tomaterna och låt sjuda på låg värme i 10 minuter.

c) Medan du väntar, vispa ihop keso och äggvita i en skål med hjälp av en gaffel med resterande salt och peppar. Avsätta. Värm ugnen till 200°C eller 180°C för fläktstöd.

d) Förbered nu dina zucchini- och lasagneplattor. Använd en grönsaksskalare för att skiva zucchinien på längden för att få långa skivor. Tvätta lasagneplattorna under kallt vatten i ett durkslag.

e) När kalkonraguen är klar är det dags att göra upp lasagnen. Börja med ett lager squashplattor för att enkelt ta bort när de är kokta. Växla sedan mellan ragu, ostsås, lasagneplattor och zucchini. Avsluta med ett lager lasagne, sedan ostsås, strö sedan över mager ost.

f) Grädda i 15 minuter med folie på, ta sedan bort folien, höj värmen med 20°C och grädda i ytterligare 20 minuter. När den är tillagad, dela upp i fyra måltidsförberedande behållare, servera med din favoritsallad eller grönsaker och förvara i kylen i upp till tre dagar.

10. Harissa kyckling och marockansk couscous

Serverar 4

Ingredienser

- 500 g benfria, skinnfria kycklinglår
- 1 msk extra virgin olivolja
- 2 msk harissapasta
- ½ citron (saftad)
- 1 lök (finhackad)
- 3 vitlöksklyftor (krossade)
- 2 msk kokosolja
- 1 tsk spiskummin
- 1 tsk rökt paprika
- 350 g couscous
- 1 grönsaksbuljongtärning
- 1 liter kokt vatten
- 1 knippe färsk persilja (finhackad)
- 1 tsk chiliflakes
- 40 g pinjenötter
- 50 g russin

Vägbeskrivning

a) Tillsätt först olivolja, harissa-pasta, salt, peppar och citronsaft till dina kycklinglår och massera in pastan i dem. När den är täckt, ställ åt sidan och låt marinera.

b) Hacka under tiden löken och vitlöken och värm sedan en matsked kokosolja i en non-stick panna. Tillsätt löken och koka i 5 minuter tills den är mjuk.

c) Tillsätt vitlöken i pannan och koka i 2 minuter innan du tillsätter spiskummin och rökt paprika. Rör ner kryddor i lök och vitlök och rör sedan ner den torra couscousen.

d) Blanda din grönsaksbuljong och kokande vatten och tillsätt sedan i pannan. Rör om allt tills det blandas och låt couscousen suga upp vätska.

e) Värm under tiden den återstående matskeden kokosolja i en gjutjärnspanna eller stek på hög värme. Lägg i harissa-kycklinglåren och låt koka i 4-5 minuter på varje sida, innan du tar ur pannan och ställer åt sidan.

f) När couscousen har sugit upp grönsaksbuljongen och fördubblats i storlek, överför du till en stor skål och tillsätt russin, pinjenötter, persilja, saften av en halv citron, salt, peppar och chiliflakes.

g) Lägg till en bädd av couscous i var och en av dina måltidsförberedande behållare och toppa med den skivade harissa-kycklingen.

11. Buffalo Chicken Pasta Sallad

Gör: 3 måltider

Ingredienser

Till pastan:

- 160g kokt pasta
- 3 bröst kokt kyckling
- 2 stjälkar selleri
- Handfull körsbärstomater
- 1 gul paprika
- 2 matskedar ranchdressing med reducerad fetthalt
- Stor näve blandade blad

Till buffelsåsen:

- 175 ml peri-peri-sås
- ½ tsk vitlökspulver
- 4 matskedar fettsnålt smör eller margarin
- Nypa salt

Vägbeskrivning

a) Sätt en kastrull på medelhög värme och tillsätt peri-peri-såsen och vitlökspulvret. Koka i 2 minuter, tillsätt sedan smör och salt och koka i ytterligare 5 minuter, rör om då och då. Ta av från värmen och låt svalna i några minuter.

b) Hacka selleri, tomater och paprika i lagom stora bitar och strimla sedan kycklingen med två gafflar. Lägg i en stor mixerskål med den kokta pastan.

c) Häll över buffelsås och släng den genom pastasalladen. Dela mellan 3 måltidsförberedande behållare och ringla lite ranchdressing över varje och servera med en näve blandade blad eller din favoritsidasallad. Kyl i upp till 3 dagar och njut av varmt eller kallt.

12. Kyckling, sötpotatis och grönsaker

Ingredienser

- 2 msk kokosnötsolja
- 4 x 130 g kycklingbröst
- 350 g sötpotatis
- 1/2 tsk havssalt
- 1/2 tsk svartpeppar
- 1/2 tsk paprika
- 1 påse färsk spenat
- 350 g gröna bönor (putsade)
- Strö över valda kryddor

Vägbeskrivning

a) Värm ugnen till 180°C.

b) Börja först med att skära din sötpotatis i klyftor och lägg på en bakplåt. Krydda med salt, peppar och paprika och grädda sedan i 25 minuter.

c) Koka upp vattenkokaren och lägg de putsade haricots verts i en skål. Häll kokande vatten över haricots verts med en nypa salt och låt blanchera i 1-2 minuter (koka inte helt för att behålla näringsvärdet).

d) Lägg kycklingbröstet på en stekpanna eller en stor stekpanna med non-stick på medelvärme och stek tills det är brunt på ena sidan, vänd sedan kycklingen och smaksätt varje bröst med valfria kryddor

e) När kycklingen är genomstekt placeras den på en bräda för att vila och svalna.

f) Häll av haricots verts från det saltade vattnet.

g) När alla ingredienser har svalnat gör du ihop matlådorna. Tillsätt 2 nävar spenat, en skopa klyftor, haricots verts och ett kycklingbröst i varje ruta.

h) Förvara i en lufttät behållare i kylen och ugn sedan i mikron i 3-4 minuter eller tills den är rykande het.

13. Asiatisk jordnötssmör sesamkyckling

Ingredienser

Till kycklingen:

- 5 msk jordnötssmör
- 50 ml apelsinjuice
- 3 msk sockerfri sirap (lönnsmak)
- 3 msk sojasås
- 1 tumme ingefära (riven)
- 3 kycklingbröst
- Till salladen:

- 2 gurkor (spiraliserade eller tunt skivade)
- 2 morötter (spiraliserade eller tunt skivade)

Salladsdressing:

- 2 msk sockerfri sirap (lönnsmak) eller lönnsirap
- 4 msk sojasås
- 2 msk sesamolja

Servera med:

- 30g (torrvikt) brunt/basmatiris per måltid

Vägbeskrivning

a) Värm ugnen till 200°C eller 180°C för fläktstöd.

b) Vispa jordnötssmör, 100 ml varmt vatten och apelsinjuice tills det är slätt och tillsätt sedan sirap, soja och ingefära. Avsätta.

c) Krydda och stek kycklingbrösten genom att steka på hög värme i en non-stick panna i 3 minuter på varje sida, lägg sedan över i en gryta och täck kycklingen noga med jordnötssmörsåsen.

d) Grädda i 20 minuter.

e) Medan du väntar gör du salladsdressingen genom att vispa ihop sirap, soja, sesamolja och frön och kombinera sedan med den spiraliserade gurkan och morötterna.

f) När kycklingen är tillagad, lägg i måltidsförberedelser och servera med salladen och brunt ris. Tre dagars lunchförberedelser sorterade.

14. Grill kyckling och ris

Ingredienser

- 1 msk kokosnötsolja
- 450g kokt vitt ris
- 600 g kycklingbröst
- 6 nävar spenat
- 75 g majs
- 3 msk barbecuesås
- 1 tsk söt paprika
- 9 körsbärstomater

Vägbeskrivning

a) Skär varje rå kycklingbröst på mitten horisontellt.

b) Gnid in barbecuesås, paprika, salt och peppar över hela kycklingen.

c) Tillsätt kokosoljan i en het stekpanna eller stekpanna och lägg kycklingen i pannan på medelhög värme i cirka 4 minuter på varje sida. Vänd och när den är genomkokt, lägg på en tallrik för att svalna.

d) Tillsätt 2 nävar av spenaten i basen av dina Tupperware-plastbaljor.

e) Koka ris enligt anvisningarna på förpackningen och låt svalna. Fyll dina badkar på ena sidan.

f) Skeda sockermajsen ovanpå riset och lägg i skivade tomater.

g) Avsluta förberedelsen med att lägga till den kalla kycklingen och ställ in i kylen.

15. Lågkalkande lime- och chili-kalkonburgare

Ingredienser

- 1 tsk kokosolja
- 50 g havregryn
- 40 g kalkonfärs (2-7 % fettfärs)
- 1/2 tsk havssalt och svartpeppar
- 1/2 röd chili
- 1 tsk vitlökspasta
- 1/2 liten rödlök
- 1/2 lime (saft och skal)

Vägbeskrivning

a) Värm först ugnen till 180°C. Tillsätt havregryn i en matberedare och bearbeta tills det är fint blandat.

b) Tillsätt lök, chili, vitlök och limejuice och skal och bearbeta tills det är grovt hackat. Tillsätt sedan hamburgerfärsen, salt och peppar och pulsera för att kombinera.

c) Gör 5 hamburgerbiffar med händerna och lägg på en bakplåt.

d) Grädda i 15-20 minuter.

e) Servera med valfria grönsaker.

16. Malaysisk kycklingsatay

Gör: 4 måltider

Ingredienser

- 2 msk sesam-, jordnöts- eller olivolja
- 2 stjälkar citrongräs
- 1 vit lök
- 2 vitlöksklyftor
- 1 tumme ingefära
- 2 röda chili
- 1 tsk gurkmeja
- 1 tsk spiskummin
- 8 matskedar pulveriserat jordnötssmör eller 4-6 matskedar vanligt jordnötssmör
- 3 kycklingbröst (tärnade)
- 300 g fullkornsris (kokt)
- 1 rödlök (hackad)
- 1 gurka (hackad)

Vägbeskrivning

a) Lägg först sesamolja, citrongräs, lök, vitlök, ingefära, chili, gurkmeja och spiskummin i en mixer. Bearbeta tills du får en slät pasta.

b) Därefter, i en separat skål, blanda 8 matskedar pulveriserat jordnötssmör med 8 matskedar vatten tills det ser ut som jordnötssmör. Tillsätt lite mer pulver eller vatten för att få önskad konsistens.

c) Kombinera hälften av kryddpastan med jordnötssmöret för att göra en jordnötssås och häll resterande kryddpastan över din tärnade kyckling. Trä upp kycklingen på 6 små spett (blöt dina spett i vatten i minst en timme så att veden inte bränns). Låt kycklingen marinera ett par timmar om du har tid.

d) Stek kycklingspetten på medelhög till hög värme i 8-10 minuter eller tills de är helt genomstekta. När den är kokt, ta bort från pannan och ställ åt sidan.

e) Tillsätt jordnötssåsen i samma panna och låt koka upp, rör om då och då tills den är rykande het. Ta bort från värmen.

f) Förbered tre Tupperware-lådor med kokt ris, hackad gurka och hackad rödlök. Lägg till två kycklingspett i varje låda. Dela jordnötssåsen i tre mindre Tupperware-lådor eller häll såsen rakt över kycklingen.

g) Kyl i upp till 3 dagar. Mikrovågsugn på full effekt i 3 minuter eller tills den är rykande het. Och varsågod – 3 dagars måltider för att liva upp dina kontorsluncher!

17. Kyckling Tikka Masala

Serverar 4

Ingredienser

- 1 matsked 100% kokosolja
- 500 g kycklingbröst (tärnat)
- 1 vit lök (finhackad)
- 4 vitlöksklyftor (riven eller krossad)
- 1 matsked ingefära (riven)
- 2 msk tomatpuré
- 1 tsk gurkmeja
- 1 tsk garam masala
- ½ tsk chilipulver
- 1 burk hackade tomater (blandade)
- 1 mugg kokande kycklingfond
- 3 stora matskedar helfet grekisk yoghurt

Servera med:

- 50 g basmatiris per portion (torrvikt)
- 2 tunnbröd (skurna i strimlor)
- 20 g hackade cashewnötter

Vägbeskrivning

a) Värm först kokosoljan i en panna på medelvärme och tillsätt kycklingbröstet och löken. Krydda med salt och peppar och stek sedan tills kycklingen inte längre är rosa på utsidan.

b) Sänk värmen och tillsätt vitlök, ingefära, tomatpuré, gurkmeja, garam masala och chilipulver tillsammans med en skvätt vatten och rör om väl i 1-2 minuter så att dofterna från kryddorna släpper.

c) Tillsätt sedan de blandade tomaterna och kycklingfonden, låt koka upp pannan och låt puttra i 10 minuter, rör om då och då.

d) När din sås har reducerats till ungefär hälften, ta av värmen och rör ner den grekiska yoghurten. Vill du ha den superkrämig, tillsätt gärna mer grekisk yoghurt eller tvärtom.

e) Servera med basmatiris, tunnbrödsremsor och hackade cashewnötter.

18. Förberedelse av kokosnötskyckling och ris i en pott

Ingredienser

Till kycklingen:

- 5-6 skinnfria kycklinglår
- 2 msk yoghurt
- 1 tsk ingefära
- 1 tsk gurkmeja
- ½ tsk chilipulver
- ¼ tesked salt

Till grytan:

- 1 msk kokosolja
- 1 lök (tunt skivad)
- 2-3 vitlöksklyftor (riven)
- 1 tsk ingefära (riven)
- ½ tsk chilipulver
- 250 g basmatiris (blött och avrunnen)
- 1 burk lätt kokosmjölk
- ½ stor mugg kokt vatten

Att tjäna:

- Hackade cashewnötter
- Koriander

Vägbeskrivning

a) Tillsätt kycklinglåren, yoghurt, ingefära, gurkmeja, chilipulver och salt i en skål och blanda väl tills kycklingen är helt täckt. Ställ åt sidan och låt marinera minst 15 minuter, gärna över natten.

b) Hetta upp kokosolja i en stor djup panna eller gryta på medelhög värme och lägg i kycklinglåren.

c) Koka i 5 minuter innan du vänder och tillaga i ytterligare 5-10 minuter tills kycklingen är genomstekt. Ta bort från pannan och ställ åt sidan.

d) Tillsätt löken i pannan med en liten skvätt vatten och fräs i 5 minuter. Tillsätt sedan vitlök, ingefära, chilipulver och ytterligare en skvätt vatten. Rör hela tiden tills löken är täckt av kryddor och låt steka i 2 minuter.

e) Rör ner basmatiriset i löken och kryddorna, tillsätt sedan kokosmjölken och 1/2 mugg kokt vatten. Rör om ordentligt, låt sjuda upp och lägg sedan tillbaka kycklinglåren i pannan ovanpå riset.

f) Täck med lock och låt koka i 15-20 minuter, tills riset är kokt.

g) Garnera med hackade cashewnötter och koriander innan servering.

19. BBQ Pulled Chicken Mac N Cheese

Serverar 4

Ingredienser

För BBQ pulled chicken:

- 4 matskedar sockerfri sås (BBQ)
- 1 tsk paprika
- 1 tsk vitlöksgranulat
- Salt
- Peppar
- 300 g kycklingbröst

För mac n cheese:

- 3 msk smör
- 3 msk vanligt mjöl
- 1 vitlöksklyfta (krossad)
- 1 matsked paprika
- 1-pint lättmjölk
- 150 g cheddar med låg fetthalt (riven)
- 250 g makaronpasta
- Chiliflakes att krydda

Vägbeskrivning

a) Värm ugnen till 180°C/350°F och koka upp en stor kastrull med vatten.

b) Blanda sedan ihop den sockerfria BBQ-såsen, paprikan, vitlöksgranulatet, salt och peppar i en liten skål.

c) Skär djupa snitt i sidled i varje kycklingbröst och överför dem till en bakplåt med folie. Häll sedan BBQ-såsblandningen på kycklingbrösten.

d) Gnid in såsen i kycklingbröstet så att de täcks helt, förslut sedan kycklingbrösten i folien och grädda i 25 minuter.

e) När den är gräddad tar du bort kycklingen från folien – ställ BBQ-juicerna åt sidan – och strimla sedan kycklingen med två gafflar.

f) Tillsätt BBQ-juicerna och den strimlade kycklingen i en stekpanna på medelvärme i 3-4 minuter och ställ sedan åt sidan. Lägg gärna till lite mer BBQ sockerfri sås om du vill.

g) Lägg din makaronpasta på att koka.

h) Smält under tiden smöret i en djup panna. Tillsätt vitlök och paprika och fräs i 2 minuter.

i) Tillsätt mjölet, vispa väl och tillsätt sedan mjölken gradvis.

j) Tillsätt sedan cheddarn med låg fetthalt, rör om tills den smälter in i den vita såsen, och lägg sedan till din strimlade

BBQ-kyckling och kokta makaronpasta. Rör om väl för att se till att allt blandas.

k) Servera med ett strö chiliflakes eller svartpeppar för en liten kick, och njut!

20. Jordnötssmör Kyckling Curry

Serverar 4

Ingredienser

- 1 matsked 100% kokosolja
- 400 g kycklingbröst (tärningar)
- 1 lök (skivad)
- 2 vitlöksklyftor (fint hackade)
- 1 tumstor bit ingefära (finhackad)
- 1 röd chili (urkärnad och finhackad)
- 5 msk currypulver
- 1 burk hackade tomater
- 1 näve färsk koriander (hackad)
- 400 ml lätt kokosmjölk
- 100 g helt naturligt jordnötssmör (crunchy)

Att tjäna:

- Basmatiris (cirka 75g per person)
- Hackade jordnötter
- Koriander

Vägbeskrivning

a) Värm först kokosoljan i en stor panna och tillsätt kycklingen. Krydda lätt och stek tills den är genomstekt och gyllenbrun på utsidan, ställ sedan åt sidan.

b) Tillsätt nu löken och fräs tills den är mjuk. Tillsätt hackad vitlök, ingefära och chili och fräs ytterligare 1-2 minuter innan du tillsätter currypulvret och en stor skvätt vatten. Låt koka upp, rör om väl och koka i 5 minuter.

c) Tillsätt nu de hackade tomaterna och koriandern, rör om ordentligt och låt puttra i ytterligare 10 minuter, rör om då och då.

d) Rör gradvis ner den lätta kokosmjölken till såsen och tillsätt sedan ditt knapriga jordnötssmör. Rör om ordentligt och låt puttra på svag värme tills din curry har nått önskad konsistens.

e) Servera med basmatiris och ett stänk hackad koriander och jordnötter, njut sedan!

21. Fajita Pasta Bake

Serverar 5

Ingredienser

- 1 msk kokosolja
- 350 g kycklinglår (tärningar)
- 1 lök (fint skivad)
- 2 paprika (fint skivad)
- ½ förpackning fajitakrydda
- 350 g rigatoni
- 100 g salsadipp
- 100g lätt färskost
- Ett litet knippe koriander (stjälkar borttagna, finhackade)
- 50g ljus cheddar
- 30 g lätt mozzarella

Vägbeskrivning

a) Värm först ugnen till 180°C/360°C.

b) Hetta upp kokosoljan i en stor panna och lägg i dina kycklinglår. Krydda väl med salt och peppar och stek i 6-7 minuter, vänd en eller två gånger, tills de börjar få färg på utsidan. Ta bort från pannan och ställ åt sidan.

c) Lägg på pastan så att den är redo att läggas i pannan på tio minuter.

d) Tillsätt nu löken och paprikan i pannan och stek tills de är mjuka, rör om regelbundet. Tillsätt fajitakryddan och den kokta kycklingen igen, rör om väl och stek i 5 minuter.

e) Tillsätt sedan din kokta pasta (se till att rinna av den innan), salsan och färskosten och blanda noggrant så att allt blandas jämnt.

f) Tillsätt slutligen din hackade koriander och rör om ordentligt innan du överför till en stor ugnsform.

g) Toppa med din ost och grädda i 10-15 minuter tills den börjar bli krispig.

h) Garnera med hackad vårlök och koriander, gräv sedan i!

22. Krämig citron- och timjankyckling

Serverar 6

Ingredienser

- 2 tsk färsk timjan
- 2 tsk blandade örter
- Salta och peppra efter smak
- 6 benfria, skinnfria kycklinglår
- 1 matsked olja
- 1 lök (hackad)
- 2 vitlöksklyftor (hackad)
- Saften av 1 citron
- 100 ml kycklingfond
- 200 ml crème fraiche
- Citronskivor
- Färsk timjan

Serveringsförslag:

- Quinoa (cirka 50 g per portion)
- Mör stambroccoli

Vägbeskrivning

a) Förbered först kryddningen genom att blanda färsk timjan, blandade örter, salt och peppar i en liten skål. Strö generöst över dina kycklinglår, se till att täcka jämnt, och håll eventuell kvarvarande krydda vid sidan av för att använda senare.

b) Tillsätt sedan oljan i en stor kastrull på medelhög värme. När de är varma, lägg till dina kycklinglår och stek i flera minuter på varje sida. De ska vara krispiga och brynta på utsidan och helt genomstekta på insidan (utan rosa bitar). Ta ut kycklingen från pannan och ställ åt sidan.

c) I samma panna som du tillagade kycklingen, lägg i löken och vitlöken och koka några minuter tills den mjuknat. Tillsätt sedan citronsaften, kycklingfonden och resten av kryddblandningen, rör om ordentligt och låt bubbla i några minuter.

d) Tillsätt crème fraiche, rör om och låt koka i ytterligare 2-3 minuter för att tjockna. Lägg sedan tillbaka kycklinglåren i pannan och låt värma upp i några minuter.

e) Ta av från värmen och garnera med färska citronskivor och ett stänk timjan. Servera med quinoa och njut omedelbart eller portionera upp till din måltidsförberedelse för veckan. Utsökt.

23. Kyckling och Chorizo Paella

Serverar 5

Ingredienser

- 100 g chorizo
- 500 g kycklinglår utan skinn
- Salta och peppra efter smak
- 1 lök (hackad)
- 1 tsk gurkmeja
- 1 tsk paprika
- 2 vitlöksklyftor (hackad)
- 1 röd paprika (skivad)
- 225 g paellaris
- 400 ml kycklingfond
- 4 tomater (hackade)
- 100 g ärter

För att garnera:

- Citron och limeklyftor
- Färsk persilja

Vägbeskrivning

a) Lägg först chorizobitarna i en stor panna med non-stick och koka i några minuter tills sidorna börjar få färg och oljor släpps. Ta sedan bort och ställ åt sidan för senare.

b) Lägg i kycklinglåren i pannan och koka i de naturliga oljorna från chorizon. Smaka av med salt och peppar och stek tills de fått färg på varje sida och ingen rosa kvarstår. Ta bort från pannan och ställ åt sidan också.

c) Tillsätt sedan den hackade löken och fräs i några minuter tills den mjuknat. Tillsätt sedan gurkmeja, paprika, vitlök och röd paprika, rör om väl för att täcka allt med kryddorna.

d) Efter ett par minuter, tillsätt paellariset och rör om. Häll sedan i kycklingfonden och hackade tomater och blanda allt tills det är jämnt blandat.

e) Lägg tillbaka chorizobitarna i pannan och rör om och lägg sedan i kycklinglåren. Täck pannan med ett lock och låt sjuda i 15 minuter så att riset får koka och suga upp vätskan.

f) Tillsätt till sist ärtorna, rör om och låt värma några sista minuter innan du tar av värmen. Servera med rikligt med lime- och citronklyftor och en garnering av färsk persilja.

24. Lätt förberedelse för måltidsskål för protein

Serverar 1

Ingredienser

- 2 msk sojasås
- 1 matsked honung
- 1 tsk svartpeppar
- 1 msk vitlök (hackad)
- 1 kycklingbröst
- 75 g quinoa
- 200 ml vatten
- 1 ägg
- 50 g broccoli
- 50 g mangetout
- ½ röd paprika (skivad)
- 4 körsbärstomater (halverade)
- Vårlök (hackad)

Vägbeskrivning

a) Blanda först ihop sojasås, honung, svartpeppar och vitlök för att göra en marinad. Häll 3/4 av marinaden över kycklingbröstet, täck över och låt marinera i kylen i 30 minuter (eller så kan du göra detta kvällen innan). Håll resterande marinaden åt sidan för servering till senare.

b) Tillsätt sedan quinoan och 200 ml vatten i en kastrull, täck med lock och låt koka upp. När det kokar, lägg till en sil över pannan och placera ditt ägg i mitten ovanför quinoan. Täck igen och låt ånga i 10 minuter.

c) Under tiden i en separat stekpanna, värm lite olja eller lågkalorimatlagningsspray och tillsätt sedan ditt marinerade kycklingbröst. Stek i cirka 5-7 minuter på varje sida tills de fått färg och genomstekt utan rosa bitar inuti.

d) Tillsätt broccolin och mangetout i silen ovanför quinoan, täck sedan över och ånga i ytterligare 5 minuter. Ta sedan försiktigt bort silen och rör om quinoan med en gaffel för att fluffa upp.

e) Bygg din proteinskål. Gör en quinoabotten och lägg sedan till den kokta broccolin och mangetouten, tillsammans med skivor av röd paprika och körsbärstomater. Tillsätt det skivade kycklingbröstet och det kokta ägget (ta bort skalet först!) lägg sedan på den resterande marinaden som du höll åt sidan och garnera med hackad vårlök.

25. Brynt tonfiskbiff och klyftor sötpotatis

Gör 4

Ingredienser

För tonfiskbiffarna:

- 4 x 150 g tonfiskbiffar
- 1 tsk grovt havssalt
- 1 matsked 100 % kokosnötsolja (smält)
- 2 msk rosa pepparkorn
- Till sötpotatisen:
- 4 stora sötpotatisar
- 1 matsked vanligt mjöl
- 1/2 tsk salt
- 1/2 tsk peppar
- 1/2 matsked 100 % kokosnötsolja (smält)

Vägbeskrivning

a) Värm först ugnen till 200°C.

b) Förbered sedan sötpotatisen. Skrubba rent varje potatis och sticka överallt med en gaffel. Placera på en mikrovågsugn tallrik och mikrovågsugn på hög i 4-5 minuter, ta sedan bort från mikrovågsugnen och låt svalna i en minut eller två.

c) När den är tillräckligt kall för att röra vid, skär sötpotatisen i klyftor. Strö mjöl, salt, peppar och smält kokosolja över klyftorna och skaka dem lite för att belägga dem (detta blir superkrispiga). Lägg dem på en plåt och grädda i 200°C i 15-20 minuter.

d) När sötpotatisfritesen nästan är klara är det dags att tillaga dina tonfiskbiffar. Belägg varje biff med smält kokosolja på båda sidor, strö sedan över salt och lägg i en stor stekpanna eller stekpanna som redan har stått över värmen i någon minut.

e) Stek tonfiskbiffarna på varje sida i 1-2 minuter om du föredrar stekt tonfisk, eller 3-4 minuter på varje sida om du föredrar den genomstekt.

f) Förbered dina måltidsförberedelser med en bädd av sallad eller spenatblad, dela sedan upp sötpotatisklyftorna och lägg till sist en tonfiskbiff. Strö steken med krossade rosa pepparkorn och servera med en citronklyfta.

g) Förvara i lufttäta behållare i kylen i upp till 3 dagar. När du är redo att äta, ta av locket och placera det löst tillbaka på toppen, lämna en liten lucka. Mikrovågsugn på hög i 3 $\frac{1}{2}$ minuter eller tills den är rykande het. Låt stå i 1 minut innan du äter.

26. Snabb kryddig cajunlax och vitlökig grönsak

Ingredienser

- 3 vitlöksklyftor (grovt hackad)
- 1 citron (skivad i mycket tunna ringar)
- 3 vilda laxfiléer
- 1,5 msk cajunkrydda
- 1 matsked olivolja
- 1 tsk grovt havssalt och svartpeppar
- 180g (torrvikt) couscous
- 10-12 stjälkar mör stambroccoli
- 2 zucchini

Vägbeskrivning

a) Värm ugnen till 160°C. Hacka bort de torra ändarna av den möra broccolin (ca 1 cm) och spiralisera zucchinien.

b) Lägg ut broccolin i en djup bakplåt, varva sedan med zucchini, vitlök och citron och smaka av med havssalt och svartpeppar. Ringla över lite olivolja.

c) Gnid in laxfiléerna på alla sidor med den återstående oliveoljan och cajunkryddan, lägg dem sedan ovanpå grönsakerna med skinnsidan uppåt. Grädda i 25 minuter, höj sedan temperaturen till 180°C och grädda i ytterligare 5 minuter tills skinnet börjar bli knaprigt.

d) Koka couscous enligt anvisningarna på förpackningen och dela sedan mellan 3 Tupperware-behållare. Dela laxen, grönsakerna och några citronskivor mellan behållarna och låt svalna. Täck över och ställ i kylen i upp till 3 dagar.

e) När du är redo att äta, mikrovågsugn på full effekt i 3 minuter eller tills den är rykande het.

27. Tonfiskpastasallad

Serverar 3

Ingredienser

- 200g kokt pasta
- 2 burkar tonfisk
- 1 burk majs (100 g)
- 2 morötter (strimlade)
- 1 gul paprika (tärnad)

Till dressingen:

- 4 msk olivolja
- 1 citron (saft och skal)
- ½ tsk vitlökspulver
- Salta och peppra efter smak

Vägbeskrivning

a) Gör först dressingen genom att tillsätta olja, citronsaft och skal, vitlökspulver och salt och peppar i en liten skål och blanda väl.

b) Lägg sedan till din kokta pasta i en stor skål och tillsätt sedan den strimlade moroten, majs, tärnad paprika och avrunnen tonfisk. Häll dressingen över toppen och använd sedan en stor sked för att försiktigt blanda ihop allt så att allt blir jämnt fördelat.

c) Dela upp i 3 måltidsförberedelser och förvara i kylen de närmaste dagarna. Lunchen sorterad.

28. Lax Poke Bowl

Serverar 4

Ingredienser

- 3 msk lätt majonnäs
- 1 matsked sriracha
- 2 msk sojasås
- 2 msk mirin (eller annan risvinäger)
- 1 msk rostad sesamolja
- 1 matsked honung
- 300 g lax av sashimikvalitet
- 1 morot
- 1 gurka
- 2-3 vårlökar
- 1 avokado (skivad)
- 1 dl färdiga edamamebönor
- 250 g klibbigt vitt sushiris
- 1-2 schalottenlök (fint skivade)
- 1 msk kokosolja
- Till garnering: sesamfrön

Vägbeskrivning

a) Blanda först samman lätt majonnäs, sriracha, sojasås, mirin, sesamolja och honung för att göra en slät marinad.

b) Spara ½ marinaden för att använda som dressing senare, tillsätt sedan sashimi lax till den återstående marinaden. Blanda laxen med marinaden, var försiktig så att den inte skadas, låt sedan marinera i minst en timme.

c) Skölj sushiriset noggrant tills vattnet blir klart. Koka sedan sushiris enligt anvisningarna på paketet (koka vanligtvis i cirka 10 minuter och ånga sedan i 10 minuter) och låt svalna innan servering.

d) Hacka din gurka i fjärdedelar, skiva vårlöken tunt på längden och julienne morötter med hjälp av en skalare.

e) Värm nu kokosoljan i en non-stick panna och lägg i skivad schalottenlök. Fräs schalottenlöken försiktigt på låg värme i cirka 7 minuter tills den blir brun och krispig. Ta sedan bort från pannan och överför till en bit hushållspapper.

f) När allt är klart, bygg din poke bowl, genom att lägga ris först och sedan alla dina pålägg. Garnera med sesamfrön och njut omedelbart, eller förvara i lufttäta behållare i kylen i upp till 3 dagar som måltidsförberedelse.

29. Kedgeree med hög proteinhalt

Gör: 3 måltider

Ingredienser

- 3 filéer rökt kolja
- 1 tsk kokosolja
- 1 vit lök (finhackad)
- 1 tsk gurkmeja
- 1 tsk mald koriander
- 1 tsk medium currypulver
- 3 hårdkokta ägg (skalade och i fjärdedelar)
- 500g kokt fullkornsris eller Zero Rice (160g torrvikt)
- Handfull färsk koriander

Vägbeskrivning

a) Lägg den rökta koljan i en stor stekpanna på medelhög värme. Täck med en tum vatten. Koka upp och sänk sedan värmen och låt sjuda i 5 minuter. När den är kokt, ta av från värmen och bryt isär i bitar. Avsätta.

b) Häll vattnet ur pannan och tillsätt kokosoljan. Tillsätt den hackade löken och låt puttra på medel till låg värme i 5 minuter tills den är gyllene.

c) Tillsätt gurkmeja, mald koriander och curry och koka i ytterligare 30 sekunder, rör om då och då.

d) Tillsätt det kokta riset och koljan och rör om. Värm igenom, tillsätt sedan de kokta äggen och rör om igen. Överför till måltidsförberedande behållare och servera med ditt val av grönsaker.

30. Kryddat lamm med fetabulgur

Serverar 2

Ingredienser

- 1 matsked olja
- 1 rödlök (skivad)
- 1 msk ras el hanout
- 3 msk tomatpuré
- 250 g lammfärs
- Salta och peppra efter smak
- 125 ml kokande vatten
- 130 g bulgurvete
- 100 g fetaost (tärningar)
- ½ gurka (skuren i bitar)
- Färska myntablad till garnering

Vägbeskrivning

a) Värm först oljan i en stor stekpanna och stek löken i några minuter tills den mjuknat. Tillsätt ras el hanout och tomatpuré och rör om tills allt är jämnt täckt.

b) Tillsätt nu lammfärsen och bryt upp i bitar, rör om för att kombinera med allt annat. Krydda med salt och peppar efter smak och låt koka i 5-10 minuter eller tills den inte längre är rosa.

c) Tillsätt det kokande vattnet och låt puttra i ytterligare 10 minuter så att vätskan minskar och såsen tjocknar.

d) Tillsätt under tiden bulgurvetet i en kastrull med kokande vatten och koka enligt anvisningarna på förpackningen.

e) När den är kokt, fluffa upp med en gaffel och tillsätt feta- och gurkkuberna, blanda igenom bulguren.

f) Bygg en bädd av fetabulgur på en tallrik och lägg några skedar av lammblandningen ovanpå.

g) Garnera med några färska myntablad och servera sedan!

31. Mager, krämig korvpasta

Portioner 4 portioner

Ingredienser

- 1 tsk 100% kokosolja
- 1 purjolök (fint skivad)
- 2 vitlöksklyftor (hackad)
- 8 fettreducerade korvar (skivade)
- 200 g kvarg
- 1 burk hackade tomater
- 240 g fullkorns pennepasta
- 1 tsk torkade chiliflakes
- 1 nypa salt och peppar efter smak
- 1 näve färska basilikablad

Vägbeskrivning

a) Tillsätt kokosoljan i en stor, non-stick panna på medelhög till hög värme. Lägg i den skivade purjolöken i pannan och fräs i 3-4 minuter, rör om då och då.

b) Tillsätt vitlöken och stek i ytterligare 2 minuter, tillsätt sedan de skivade korvarna och fräs i 6-10 minuter, rör om då och då, tills de är bruna på alla sidor. Tillsätt chiliflakes och smaka av med salt och peppar.

c) Därefter, burken med tomater och rör om för att kombinera. Låt bubbla i några minuter och tillsätt sedan kvargen, blanda igenom noggrant för att få en rik, krämig sås.

d) Tillsätt den kokta pastan i pannan och blanda i såsen så att allt blandas.

e) Efter några minuter, ta pastan från värmen och portionera upp i burkar, garnera med färska basilikablad.

32. Sötpotatis och Chorizo Hash

Portioner: 4

Ingredienser

- 500 g sötpotatis
- 1 msk kokosnötsolja
- ½ rödlök (finhackad)
- 200 g konserverade kikärter (avrunna)
- 150 g chorizo eller pancetta (hackad i 1 cm tärningar)
- ½ tsk havssalt
- ½ tsk svartpeppar
- 4 medelstora frigående ägg
- Handfull inlagda och skivade jalapeños

Vägbeskrivning

a) Skala sötpotatisen och skär i 2 cm tärningar. Lägg tärningarna i en kastrull och täck med vatten, låt sedan koka upp. När det kokar, låt rinna av och låt ångan rinna av i 2-3 minuter.

b) Medan du väntar, tillsätt kokosoljan i en kastrull på medelhög till hög värme. När den smält, tillsätt den hackade löken och chorizo/pancetta och fräs i 3-4 minuter, rör om då och då.

c) Sänk sedan värmen till medel och tillsätt sötpotatis, kikärter, jalapenos, havssalt och svartpeppar. Pressa ner dem lite och stek i 8-10 minuter utan att röra på dem, tills botten blir knaprig.

d) När det är knaprigt gör du 4 små brunnar i hashen och bryt i äggen. Täck pannan med ett lock och koka i 2-3 minuter tills äggen är kokta men gulan fortfarande är rinnig (du kan koka längre om du gillar att dina gulor är genomstekta).

e) Toppa med några extra jalapeños och servera.

33. Teriyaki Beef Zoodles

Gör: 4 måltider

Ingredienser

Till såsen:

- 75 ml sojasås
- 120 ml vatten
- 1,5 msk majsstärkelse
- 4-5 matskedar ekologisk lönnsirap
- Valfritt: 1 vitlöksklyfta (hackad)
- ½ tumme ingefära (riven)

För resten:

- 1 tsk kokosolja
- 3 rumpbiffar (skurna i skivor)
- 4 zucchini (spiraliserade)
- 2 gula paprikor (hackad)
- 75 g edamamebönor
- Strö över sesamfrön

Vägbeskrivning

a) Vispa soja, vatten och maizena/guargummi i en kastrull och värm försiktigt i 5-6 minuter tills såsen har tjocknat. Tillsätt vitlök och ingefära vid det här laget om du använder det. När den tjocknat, vispa i lönnsirapen och ta av från värmen. Avsätta.

b) Värm en stor wok (eller panna) på hög höjd i 1-2 minuter. När det är riktigt varmt, tillsätt kokosoljan och biffskivorna och fräs i 1-2 minuter, vänd då och då.

c) Tillsätt den spiraliserade zucchini och hackad paprika och fräs i ytterligare 2-3 minuter.

d) Rör slutligen igenom teriyakisåsen och edamamebönorna och överför sedan till Tupperware-lådor och låt svalna.

e) Strö några sesamfrön över varje och ställ i kylen. Lätt!

34. Bakad fetacouscous

Serverar 4

Ingredienser

- 200 g fetaost
- 400 g körsbärstomater
- 1 tsk blandade örter
- 1 matsked olivolja
- 200 g couscous
- 500 ml grönsaksfond
- Färsk chili till garnering
- Persilja till garnering

Vägbeskrivning

a) Värm ugnen till 200°C.

b) Lägg fetaost och körsbärstomater i en ugnsfast form. Strö över blandade örter och ringla över olivolja och grädda sedan i ugnen i 25-30 minuter.

c) Tillsätt under tiden couscousen i en stor skål och täck med kokande grönsaksfond. Blanda väl, täck med lock eller tallrik och låt sedan koka i cirka 10 minuter eller tills vätskan har sugits upp och couscousen är lätt och fluffig.

d) Mosa nu lätt den bakade fetaosten och körsbärstomaterna med en gaffel eller mosare tills allt blandas i en slags tjock sås. Tillsätt couscousen och rör om.

e) Garnera med hackad färsk chili, svartpeppar och bladpersilja. Njut omedelbart eller förvara i upp till 3 dagar.

35. En-pott lins Dahl

Gör 4

Ingredienser

- 2 matskedar 100% kokosnötsolja
- 1 lök (hackad)
- 1 tum ingefära
- 3 vitlöksklyftor (krossade)
- 1,5 msk gurkmeja
- 1,5 msk spiskummin
- 1,5 matsked medium currypulver
- 300 g röda linser (tvättade)
- 1 burk hackade tomater
- 1,2 liter grönsaksfond
- 1 koriander
- 200 g vanligt mjöl
- 1/4 matsked salt
- 2 tsk bakpulver
- 250 g vanlig mjölkfri yoghurt

Vägbeskrivning

a) Tillsätt först kokosoljan i en stor kastrull på medelhög värme. När det smält, tillsätt löken, ingefäran och vitlöken och fräs i 3-4 minuter, rör om då och då.

b) Medan du väntar, förbered fonden i en separat skål eller kanna — lös en buljongtärning i 1200 ml kokande vatten. Avsätta.

c) Tillsätt sedan gurkmeja, spiskummin och curry i stekpannan och fräs ytterligare en minut under omrörning.

d) Tillsätt linserna och rör om för att se till att de är helt kombinerade med ingredienserna som redan finns i pannan. Tillsätt sedan tomaterna och blanda igenom.

e) Häll nu försiktigt i fonden och rör långsamt för att se till att allt är helt blandat. Sänk värmen, lägg på locket på kastrullen och låt sedan puttra i 30 minuter.

f) Medan du väntar, börja förbereda dina naans. Tillsätt mjöl, salt, bakpulver och yoghurt i en skål och blanda väl tills du har en tjock deg.

g) Strö lite mjöl över din arbetsyta och använd sedan händerna för att knåda ihop degen till en boll. Använd en vass kniv för att skära bollen i lika stora sektioner - vi valde 8 sektioner för mini naans, men fjärdedelar skulle göra 4 stora.

h) Forma varje degdel till en platt skiva med händerna och lägg dem sedan i en stekpanna på medelvärme, en i taget. Stek i några minuter på varje så, tills den börjar jäsa upp och få färg.

i) När din linsdahl i en pott har kokat, rör om väl och portionera sedan upp med ris i måltidsförberedande behållare. Lägg till en mini naan till var och en och garnera med koriander.

36. Söt Paprika Vegansk skål och chokladproteinbollar

Ingredienser

Ingredienser

- 2 400g fast tofu
- 400 g kikärtor
- 1 msk kokosnötsolja
- 1 matsked paprika
- 200 g sparris
- 1 nypa havssalt och peppar
- 1 stor sötpotatis
- 1 matsked mjöl
- 1 msk ekologiskt maca-pulver

Till avokadokrämen:

- 2 små mogna avokado
- 2 msk äppelcidervinäger
- 2 msk extra virgin olivolja
- 1-2 msk kallt vatten
- Nyp havssalt och peppar

För proteinbollarna:

- 2 skopor vegansk blandning (smak av choklad)
- 2 skopor Instant Oats
- 75 g cashewsmör
- 2 msk sockerfri sirap/honung/agave
- 1-2 msk mandel/kokos/sojamjölk
- 1 msk chiafrön att rulla

Vägbeskrivning

a) Värm ugnen till 200°C eller 180°C för fläktstöd.

b) Skala sötpotatisen och skär den i tunna pommes frites och koka sedan i 10 minuter. Låt rinna av väl och låt stå några minuter för att släppa ut fukt, strö sedan över lite mjöl och 1 msk macapulver. Grädda i 20-25 minuter på översta hyllan i ugnen.

c) Medan du väntar, värm en stor panna på medelhög till hög värme och tillsätt kokosolja, kikärter och sparris. Stek i 7-8 minuter och tillsätt sedan tofun. Stek i ytterligare 3 minuter, rör om då och då och tillsätt paprika, salt och peppar och stek i ytterligare 2 minuter.

Till avokadokrämen:

d) Tillsätt alla ingredienser i en mixer och kör tills den är slät och krämig. Lägg i en liten Tupperware-låda för att lägga till din måltidsförberedelse när du har värmt upp den igen.

För proteinbollarna:

e) Kombinera Vegan Blend och Instant Oats i en mixerskål. Tillsätt nötsmöret och sirapen, blanda och tillsätt gradvis mjölken tills du kan rulla blandningen till bollar. Rulla bollarna i chiafrön och lägg dem i plastbaljor för att ta med dig ett hälsosamt mellanmål!

37. Ultimata 15-minuters veganska fajitas

Serverar: 2

Ingredienser

- 1 msk kokosnötsolja
- 2 paprika (skivad)
- 1 vit lök (skivad)
- 4 Portobellosvampar (skivade)
- Fajita kryddor: ½ tsk paprika, 1 tsk chilipulver, ½ tsk vitlökspulver, ½ tsk spiskummin
- 1 msk sojasås
- God näve inlagd och skivad jalapeñopeppar
- 6 små fullkornstortillas

Valfria pålägg:

- Guacamole
- Tomatsalsa

Vägbeskrivning

a) Hetta upp en stor panna på medelhög till hög värme. Häll i kokosoljan och när den har smält tillsätter du skivad lök och paprika. Stek i 8-10 minuter tills grönsakerna börjar mjukna, rör sedan igenom kryddorna och stek i ytterligare 2 minuter, rör om då och då.

b) Tillsätt Portobello-svampen och sojasåsen till blandningen och stek tills de fått färg – detta bör ta cirka 4-6 minuter.

c) När de fått färg, värm tortillorna i ugnen i 5-10 minuter eller i mikron på full effekt i 30 sekunder. Fyll tortillorna med din Portobello fajita-blandning och toppa med jalapeñopeppar, guacamole och salsa. Fulländning.

38. Krispiga tofu och teriyaki nudlar

Serverar 4

Ingredienser

Till teriyakisåsen:

- 70 ml sojasås
- 2 msk farinsocker
- 1 tsk ingefära (finhackad)
- 1 tsk vitlök (finhackad)
- 1 tsk sesamfröolja
- 1 matsked honung
- 3 msk mirin
- 2 tsk majsmjöl (blandat med en skvätt kallt vatten)

För den krispiga tofun:

- 1 block tofu
- 3 msk sojasås
- 50 g majsmjöl
- 1 msk kokosolja

Till wokningen:

- 1 msk kokosolja
- 1 morot (skuren i tändstickor)
- 1 broccoli (buketter skurna från stjälk)
- 4 bon äggnudlar
- Till garnering: vårlök (hackad)

Vägbeskrivning

a) Gör först teriyakisåsen genom att blanda sojasås, farinsocker, vitlök, ingefära, sesamfröolja, honung, mirin (eller risvinäger) och majsmjölsblandningen i en liten skål. Rör om väl så att alla ingredienser blandas jämnt.

b) Tillsätt sedan 3 matskedar sojasås och 50 g majsmjöl i två separata skålar. Tärna din tofun, doppa sedan varje bit i sojasås, sedan majsmjöl, se till att varje bit är belagd innan du lägger åt sidan.

c) Hetta upp kokosoljan i en non-stick panna eller wok, tillsätt sedan belagd tofu i pannan för att laga mat, rör om och vänd var 1-2:e minut tills den är krispig och gyllenbrun. Ta bort och ställ åt sidan.

d) Koka upp en stor kastrull med vatten och koka dina äggnudlar enligt anvisningarna på förpackningen.

e) Värm sedan upp återstående kokosolja i pannan och tillsätt moroten och broccolin. Stek under omrörning i 5 minuter tills de är lite mjuka, ta sedan bort från pannan.

f) Tillsätt teriyakisås i pannan, koka på låg värme tills såsen börjar bubbla och tjockna. När du är nöjd med konsistensen på såsen, lägg till de avrunna äggnudlarna i pannan. Kasta nudlar för att täcka i teriyakisås, lägg sedan i morot och broccoli och blanda ihop.

g) Dela teriyaki-nudlar mellan 4 måltidsförberedande lådor, servera krispig tofu på toppen och garnera med vårlök. Sorterad.

39. Vegansk lins Bolognese

Serverar 4

Ingredienser

- 1 matsked olivolja
- 1 lök (tärnad)
- 2 morötter (tärnade)
- 2 stjälkar selleri (tärnade)
- 3 vitlöksklyftor (hackad)
- Krydda: salt och peppar
- 2 msk tomatpuré
- 120 g röda linser (torrvikt)
- 1 burk hackade tomater
- 300 ml vatten
- 1 grönsaksbuljongtärning
- Servera med: pennepasta och färsk basilika

Vägbeskrivning

a) Hetta upp olivoljan i en stor panna och tillsätt löken. Stek i några minuter för att mjukna, tillsätt sedan moroten och rör om.

b) Tillsätt den tärnade sellerin och koka allt i 5 minuter innan du tillsätter hackad vitlök och tärnad svamp. Rör om för att kombinera alla ingredienser i pannan, krydda generöst och koka i ytterligare 2-3 minuter tills svampen fått färg.

c) Rör sedan ner tomatpurén, sedan de röda linserna och de hackade tomaterna.

d) Tillsätt försiktigt vattnet i pannan, se till att täcka allt, och rör sedan i grönsaksbuljongtärningen. Låt puttra på svag värme i 20 minuter tills linserna har absorberat det mesta av vattnet och fördubblats i storlek.

e) Servera genast på en bädd av nykokt pasta eller spagetti och garnera med färsk basilika.

f) Portionera eventuella kvarvarande portioner i måltidsförberedande behållare för att njuta av senare i veckan.

40. Frukostburritos hela veckan

Gör: 5

Ingredienser

- 150 g långkornigt eller brunt ris (torrvikt)
- 100 g hackade tomater på burk
- 1 stor vit lök (finhackad)
- 10 medelstora ägg eller 250 ml flytande äggvita
- 10 fettreducerade fläskkorvar (hackade i 1 cm tärningar)
- 125 g cheddar- eller mexikansk ost med reducerad fetthalt (riven)
- 250 g konserverade svarta bönor
- 1 tsk havssalt, svartpeppar och rökt paprika
- 5 fullkornstortillas
- 50 g inlagda och skivade jalapenos

Vägbeskrivning

a) Koka först riset. Häll det torra riset i en stor kastrull och täck med 200 ml kallt vatten och de hackade tomaterna. Koka upp, sänk sedan värmen till låg, täck med lock och låt sjuda i 10-15 minuter tills riset har absorberat all vätska.

b) Medan du väntar på att riset ska koka kokar du resten. Placera en stor, non-stick panna på medelhög till hög värme med lite kokosolja. När kokosoljan har smält, tillsätt den hackade löken och fräs i 3-4 minuter tills löken börjar få färg.

c) Tillsätt korvtärningarna och de svarta bönorna i pannan med paprikan, salt och peppar och stek i ytterligare 3-4 minuter tills de är knapriga. När den är kokt, häll i en skål och ställ åt sidan och sätt tillbaka pannan till värmen.

d) När korvblandningen har kokat, stek äggen. Knäck äggen i en skål med lite salt och peppar och vispa med en gaffel. Häll äggen i pannan och stek i 3-4 minuter under omrörning.

e) När alla komponenter är kokta, montera dina burritos. Lägg ut tortillorna platt och dela det kokta riset i mitten av varje i en kort, tjock linje, lämna utrymme runt kanterna. Tillsätt korv-, lök- och svartbönorblandningen ovanpå, sedan äggen, riven ost och till sist jalapenos.

f) Vik nu burritosna. Vik sidorna av varje tortilla över mitten av blandningen, vik sedan nederkanten hårt upp till mitten. Rulla den inlindade blandningen hårt uppåt mot den enda öppna kanten, och fortsätt rulla tills du har en tät burrito.

g) Dags att frysa burritos. Linda varje burrito tätt med hushållsfilm och ställ in dem i frysen.

h) När du är redo att äta en hälsosam frukostburrito, packa helt enkelt upp burriton och linda in den med en bit kökshandduk, låt sedan ställa i mikrovågsugnen i ca. 2 minuter eller tills den är genomvarm. Tillsätt en halv avokado när den är varm om du vill.

41. Burrito burkar

Ingredienser

- 4 kycklingbröst
- 1 tsk kokosolja
- 4 tomater (finhackade)
- 1 rödlök (finhackad)
- Nyp salt och peppar
- 1 lime (saftad)
- 4 påsar (400g) Zero Rice
- 1 200 g burk majs (avrunnen)
- 2 avokado
- 2 huvuden liten pärlsallat (hackad)
- 8 msk gräddfil
- Vårlök till garnering

Vägbeskrivning

a) Skär kycklingbröst i tärningar, krydda och stek på medelhög värme med lite kokosolja tills de är helt genomstekta. Ta bort och låt svalna.

b) Koka riset. Skölj under kallt vatten och koka sedan i antingen 1 minut i mikron eller 2-3 minuter i en kastrull. Ställ åt sidan och låt svalna lite.

c) Montera dina masonburkar. Dela och släpp i hackade tomater och lök, limejuice och lite salt och peppar och blanda. Tillsätt 2 msk gräddfil i varje burk. Genom att tillsätta vätskan först får du ingen blöt sallad efter några dagar i kylen.

d) Fördela sockermajsen mellan burkarna, tillsätt sedan ris, kyckling, avokado, små pärla salladsblad och sist osten. Skruva på locket och njut av 4 dagars hälsosamma luncher!

42. Ultimate högproteinfylld paprika på 4 sätt

Ingredienser

- 2 stora paprikor, toppar och frön borttagna
- 50 g långkornigt ris, kokt
- 1 kycklingbröst (kokt och hackat)
- 2 msk tomatsalsa
- 50 g svarta bönor
- 1 påse fajita krydda (eller för att göra din egen, kombinera $\frac{1}{2}$ tsk paprika, $\frac{1}{2}$ tsk lökpulver, $\frac{1}{2}$ tsk vitlökspulver, $\frac{1}{4}$ tsk salt, $\frac{1}{4}$ tsk peppar)
- Handfull inlagda jalapenos + 1 matsked saltlake
- En klick gräddfil

Vägbeskrivning

a) Kombinera kokt ris, kyckling, salsa, svarta bönor och kryddor i en skål och häll i paprikan.

b) Grädda i 180°C i 20 minuter, toppa sedan med gräddfil och extra jalapenos.

43. Italienska kycklingköttbullar med spaghetti

Serverar: 4

Ingredienser:

- 1 lb malet kycklingbröst
- 1 linägg (1 msk malet linfrö + 1 msk vatten)
- 1 msk hackad färsk basilika
- 1 msk hackad färsk italiensk persilja
- ½ tsk torkad oregano
- ¼ tesked lökpulver
- ¼ tesked vitlökspulver

Till tomatsåsen

- 2 (15 oz) burkar utan salttillsatt tomatsås
- ¾ kopp Kalifornien mogna svarta oliver, skivade
- 1 msk kapris
- 1 tsk finhackad vitlök
- 1 medium söt lök, tärnad
- 1½ dl hackad knappsvamp
- ½ tsk svartpeppar

- ½ tsk torkad timjan
- ½ tsk torkad rosmarin, krossad
- ⅓ tesked torkad mejram
- 1 msk hackad färsk basilika
- 1 msk hackad färsk italiensk persilja

Till spaghettin

- 4 stora sötpotatisar (spiraliserade)

Vägbeskrivning:

För kycklingköttbullar:

a) Värm ugnen till 350°F.

b) Förbered ditt linägg i en liten skål och ställ åt sidan för att gela.

c) I en stor skål, kombinera den malda kycklingen, örterna, kryddorna och linägget. Blanda väl för att kombinera.

d) Smörj en stor ugnsform och forma 12-14 köttbullar, lägg dem jämnt i formen.

e) Grädda i 30 minuter eller tills kycklingen är genomstekt.

För tomatsås:

f) Lägg bara till alla såsingredienser i en stor soppgryta och låt sjuda i 10 minuter. Tillsätt kycklingköttbullarna och låt sjuda i 5 minuter till.

För Spaghetti:

g) Spiralisera helt enkelt din sötpotatis (1 per person så det räcker med 4 potatisar) med C-bladet.

h) Lägg den spiraliserade potatisen i en mikrovågssäker skål med några matskedar vatten och ånga i mikron i 3-5 minuter tills de är lite mjuka.

i) Servera köttbullar och sås över spaghettin och njut!

44. Medelhavet Turkiet köttbullar med tzatziki

Serverar: 50

Ingredienser:

- 2 pund malen kalkon
- 2 matskedar olivolja
- 1 medelstor lök, finhackad
- Nypa salt
- 1 medelstor zucchini, riven
- 1½ msk kapris, hackad
- ½ dl soltorkade tomater, hackade
- 2 skivor fullkornsbröd (eller vitt bröd)
- ½ kopp persilja
- 1 ägg
- 1 stor vitlöksklyfta, finhackad
- ½ tsk kosher salt
- ½ tsk svartpeppar
- 1 msk Worcestershiresås
- ½ dl riven eller riven parmesanost

- 2 msk finhackad färsk mynta

Till tzatzikisås

- 8 uns lättmjölk yoghurt
- 1 stor vitlöksklyfta, finhackad
- 1 citron, skalad
- 1 msk färsk mynta
- ½ gurka, skalad

Vägbeskrivning:

a) Värm ugnen till 375 grader. Förbered två bakplåtar genom att fodra dem med aluminiumfolie och spraya med grönsaksspray.

b) Värm 1 msk olivolja på medelhög värme i en medelstor stekpanna. Tillsätt löken och en nypa salt och koka tills den är genomskinlig. Överför lök till en stor skål.

c) Tillsätt den återstående matskeden olivolja i stekpannan och tillsätt den rivna zucchinin. Strö över en nypa salt och koka tills zucchinin vissnat och mjuknat – cirka 5 minuter. Överför zucchini till skålen med löken. Tillsätt kapris och soltorkade tomater och rör om.

d) Lägg brödet i skålen på en minimatberedare och mixa tills du har fina brödsmulor. Tillsätt persiljan och pulsa flera gånger tills persiljan är hackad och väl blandad med brödsmulorna. Överför brödsmulor till skålen. Tillsätt ägg, vitlök, koshersalt, svartpeppar, worcestershiresås, parmesanost och mynta i skålen och rör om.

e) Tillsätt kalkonköttet och arbeta in kalkonen i pärmen med händerna tills den är väl blandad. Skopa ur en matsked kalkonblandning och rulla den mellan händerna till en köttbulle. Lägg köttbullarna på plåten med cirka 1 tums mellanrum. Grädda i 20-25 minuter tills de fått lite färg och genomstekt.

f) Gör under tiden tzatzikisåsen: Blanda vitlök, citron, mynta och gurka i en liten skål och rör om blandningen. Tillsätt yoghurten och rör om för att kombinera. Täck över och kyl tills den ska serveras.

g) Lägg över köttbullarna på ett fat och servera tzatziki vid sidan om.

45. Veggie och nötköttbullar Marinara

Serverar: 9

Ingredienser:

- 6 tsk olivolja, uppdelad
- 4 vitlöksklyftor, skivade, delade
- 1 (28-ounce) burk krossade tomater
- 1 tsk salt, delat
- 1 tsk socker
- 1 tsk krossade rödpepparflingor, delade, valfritt
- 1 liten zucchini, grovt hackad
- 1 medelstor morot, grovt hackad
- ½ liten gul lök, grovt hackad
- ¼ kopp persiljablad, plus mer till garnering
- 1 pund magert nötkött
- ½ kopp havre
- ½ kopp strimlad parmesan, plus mer till garnering
- 1 stort ägg, uppvispat

Vägbeskrivning:

a) Förvärm broilern på hög. Se till att ugnsgallret är cirka 4 tum under värmekällan. Gnid in 1 tsk olivolja över ytan på en kantad bakplåt.

b) Värm de återstående 5 tsk olivolja i en stor såsgryta på medelvärme. Tillsätt två vitlöksklyftor och koka tills de är gyllene, cirka 3 minuter. Tillsätt tomater, $\frac{1}{2}$ tsk salt, socker och $\frac{1}{2}$ tsk rödpepparflingor (om så önskas). Koka upp, minska värmen och låt sjuda under lock i 10 minuter.

c) Under tiden, i en matberedare, kombinera zucchini, morot, lök, resterande vitlök och persilja. Pulsera tills det är fint hackat. Överför grönsaksblandningen till en stor skål. Tillsätt nötkött, havre, parmesan, resterande salt, återstående rödpepparflingor (om så önskas) och ägg. Blanda väl.

d) Forma blandningen till köttbullar $1\frac{1}{2}$ tum i diameter. Ordna jämnt på den förberedda bakplåten. Stek tills köttbullarnas toppar fått färg, ca 5 minuter.

e) Överför försiktigt köttbullarna till såsgrytan och fortsätt att koka, täckt, i 10 minuter eller tills köttbullarna är genomstekta. Avlägsna från värme.

f) Servera som förrätt eller över kokt spagetti som huvudrätt. Garnera med ytterligare persilja och parmesan om så önskas.

46. Honung Grill Kyckling Köttbullar

Serverar: 4

Ingredienser:

Till köttbullarna

- 1 lb mald kyckling
- 1 kopp ströbröd
- ¼ kopp tunt skivad salladslök
- 2 stora ägg, vispade
- 2 msk finhackad färsk bladpersilja
- 1 tsk finhackad vitlök
- ½ tsk salt
- ¼ tesked mald svartpeppar

Till barbequesåsen

- 1 (8 oz.) burk tomatsås
- ¼ kopp honung
- 1 msk Worcestershiresås
- 1 msk rödvinsvinäger
- ½ tsk vitlökspulver

- ½ tsk salt
- ⅛ tesked mald svartpeppar

Vägbeskrivning:

a) Värm ugnen till 400 grader F. Klä en bakplåt med aluminiumfolie och spraya med matlagningsspray.

b) Förbered köttbullarna. Tillsätt alla ingredienserna till köttbullarna i en stor skål och blanda lätt med händerna. Blanda inte för mycket eftersom detta ger sega köttbullar.

c) Använd händerna för att kavla ut 12-14 golfbollsstora köttbullar och bred ut dem på plåten.

d) Grädda i 15 minuter, eller tills köttbullarna är genomstekta.

e) Under tiden förbereder du barbequesåsen. I en medelstor skål, vispa alla såsingredienser tills de är väl kombinerade. Överför såsen till en stor såsgryta. Vänd värmen till medelhög och låt koka i 7-8 minuter, rör om då och då. Såsen börjar tjockna.

f) Sänk värmen till låg. Tillsätt de kokta köttbullarna i såsen och rör försiktigt för att täcka köttbullarna. Låt köttbullarna puttra i såsen i 5 minuter, rör om då och då.

47. Kalkon sötpotatis köttbullar

Serverar: 16

Ingredienser:

- 1 pund mager mald kalkon
- 1 kopp kokt, mosad sötpotatis
- 1 ägg
- 2 vitlöksklyftor, hackade
- 1 - 2 jalapenos, hackade
- 1/2 kopp mandelmjöl (eller ströbröd)
- 1/2 kopp lök, tärnad
- 2 remsor bacon, tärnad

Vägbeskrivning:

a) Blanda alla ingredienser i en stor skål.

b) Blanda väl och forma till bollar (jag gjorde ca 16).

c) Grädda i 400 grader i 18-20 minuter (eller tills innertemperaturen når 165 grader), vänd en gång.

48. Lätt mexikansk kikärtssallad

Serverar 4.

Ingredienser

- 19oz burk kikärter, sköljda och avrunna
- 1 stor tomat, hackad
- 3 hela salladslökar, skivad ELLER S kopp tärnad rödlök
- 1/4 kopp finhackad koriander (färsk koriander)
- 1 avokado, tärnad (valfritt)
- 2 msk vegetabilisk eller olivolja
- 1 msk citronsaft
- 1 tsk spiskummin
- 1/4 tsk chilipulver
- 1/4 tsk salt

Vägbeskrivning

a) Vispa olja, citronsaft, spiskummin, chilipulver och salt i en skål.

b) Tillsätt kikärter, tomater, lök, koriander och blanda tills det blandas.

c) Om du använder avokado, tillsätt precis innan servering. Kan förvaras i kyl upp till 2 dagar.

49. Tofu och spenat Cannelloni

Serverar 3-4

Ingredienser

- 8 cannelloni/manicotti nudlar (glutenfria vid behov), kokta al dente
- 1 16 oz. burk med din favoritpastasås
- 2 msk olivolja
- 1 medelstor lök, hackad
- 1 1o oz. paket fryst spenat, tinad och hackad – eller 1 påse färsk babyspenat, hackad
- 16 oz. fast eller silkeslen tofu
- 1/2 kopp blötlagda cashewnötter, avrunna och finmalda (valfritt)
- 1/4 kopp strimlade morötter (valfritt)
- 2 msk citronsaft
- 1 vitlöksklyfta, finhackad
- 1 matsked näringsjäst
- 1 tsk salt
- 1/4 tsk svartpeppar

- Strimlad vegansk ost, såsom Daiya (valfritt)

Vägbeskrivning

a) Fräs löken i oljan i en nonstick-panna tills den är genomskinlig. Rör ner spenaten och stäng av värmen.

b) Blanda tofun, cashewnötter (om du använder), morötter, citronsaft, vitlök, näringsjäst, salt och peppar i en skål.

c) Tillsätt spenat-lökblandningen till tofublandningen och rör om tills det är väl blandat.

d) Värm ugnen till 350F. Häll ett tunt lager pastasås på botten av en 9×133 panna.

e) Fyll varje kokt skal med fyllning med en liten sked. Klä upp de fyllda skalen i pannan och täck med resten av pastasåsen.

f) Täck pannan med folie så att skalen inte torkar ut.

g) Grädda i ca 30 minuter, eller tills det bubblar.

h) Om du lägger till vegansk ost, strö över den under de sista 2 minuterna i ugnen.

50. Kokos Curry Linssoppa

tjänar 4.

Ingredienser

- 1 msk kokosolja (eller olivolja)
- 1 stor lök, hackad
- 2 vitlöksklyftor, hackade
- 1 msk färsk ingefära, finhackad
- 2 msk tomatpuré (eller ketchup)
- 2 msk currypulver
- 1/2 tsk varma rödpepparflingor
- 4 dl grönsaksbuljong
- 1 400 ml burk kokosmjölk
- 1 400 g burk tärnade tomater
- 1. 5 koppar torra röda linser
- 2-3 nävar hackad grönkål eller spenat
- Salta och peppra, efter smak
- Garnering: hackad koriander (färsk koriander) och/eller vegansk gräddfil

Vägbeskrivning

a) Värm kokosoljan på medelvärme i en kastrull och fräs löken, vitlöken och ingefäran tills löken är genomskinlig, ett par minuter.

b) Tillsätt tomatpuré (eller ketchup), currypulver och rödpepparflingor och koka ytterligare en minut.

c) Tillsätt grönsaksbuljongen, kokosmjölken, tärnade tomater och linser. Täck över och låt koka upp, låt puttra på svag värme i 20-30 minuter tills linserna är väldigt mjuka. Krydda med salt och peppar.

d) {Make-Ahead: Kan kylas, frysas i lufttäta behållare och återuppvärmas över medel-låg värme.}

e) Före servering, rör ner grönkålen/spenaten och garnera med koriander och/eller vegansk gräddfil.

51. Indisk curryquinoa

tjänar 4.

Ingredienser

- 1 dl quinoa, sköljd och avrunnen
- 1 burk (400 ml) kokosmjölk
- 1 burk (400 ml) tärnade tomater
- 3 msk currypulver
- 2 msk ketchup eller tomatpuré
- 2 msk kokosolja (eller annan vegetabilisk olja)
- 1 stor lök
- 1 vitlöksklyfta, finhackad
- 1 morot, tärnad
- 1 burk (400g) kikärter, avrunna
- 2 stora nävar hackad spenat eller grönkål
- 1/2 tsk krossad röd chilipeppar salt och peppar koriander (färsk koriander)

Vägbeskrivning

a) Blanda quinoa, kokosmjölk, tärnade tomater (med juice), currypulver och ketchup/tomatpasta i en medelstor kastrull och låt koka upp. Sänk värmen till lägsta inställning, täck kastrullen och låt sjuda tills quinoan är klar, cirka 15 minuter.

b) Medan quinoan tillagas: värm olja på medelvärme i en stekpanna och fräs vitlöken och löken tills den blir genomskinlig.

c) Tillsätt moroten och fräs i ett par minuter.

d) Tillsätt kikärtorna och koka ytterligare ett par minuter.

e) Tillsätt spenaten/grönkålen och koka tills den vissnat, ungefär en minut.

f) Blanda grönsakerna med quinoan, smaka av med salt, peppar och krossad röd chilipeppar och garnera med koriander innan servering.

52. Grillade grönsaker på vit bönmos

tjänar 2.

Ingredienser

- 1 röd paprika (capsicum), urkärnad och i fjärdedelar
- 1 aubergine (aubergine), skivad på längden
- 2 zucchinis (zucchinis), skivade på längden
- 2 msk olivolja

För mäsken

- 410g burk haricotbönor, sköljda (jag använder Cannellini eller White Kidney Beans)
- 1 vitlöksklyfta, krossad
- 100 ml grönsaksfond
- 1 matsked hackad koriander (koriander)
- Citronklyftor, att servera

Vägbeskrivning

a) Värm grillen. Lägg grönsakerna över en grillpanna och pensla lätt med olja. Grilla tills de fått lite färg, vänd dem, pensla igen med olja och grilla sedan tills de är mjuka.

b) Lägg under tiden bönorna i en liten panna med vitlöken och fonden. Koka upp och låt puttra utan lock i 10 minuter.

c) Mosa grovt med en potatisstöt, tillsätt lite vatten eller mer fond om moset verkar för torrt. Dela grönsakerna och moset mellan 2 tallrikar, ringla över eventuell överbliven olja och strö över svartpeppar och koriander. Lägg en citronklyfta på varje tallrik och servera.

53. Ugnsrostad seitan

Ingredienser:

- 1 kopp vitalt vetegluten.
- 3 msk näringsjäst.
- 1 tsk rökt paprika.
- 1 tsk torkad timjan eller 1 färsk vårtimjan.
- 1 tsk torkad rosmarin.
- 1 msk vitlökspulver.
- 1 tsk havssalt.
- 1/4 tsk torkad salvia.
- 1 msk vegansk worcestershiresås.
- 1 matsked socker gratis BBQ-sås.
- 2 msk flytande amino (eller sojasås).
- 1 dl grönsaksbuljong.
- 4 koppar grönsaksbuljong att sjuda seitanen i.

VÄGBESKRIVNING:

a) Blanda ihop dina torra aktiva ingredienser i en skål och dina våta komponenter i en andra skål.
b) Kombinera det våta med det torra och knåda till en "deg".
c) Knåda den här degen i cirka 5 minuter eller tills glutenet är aktiverat.
d) Koka upp cirka 4 koppar grönsaksbuljong på medelhög.

e) De flesta rätter kräver att du slår in din seitan i plastfolie innan den sjuder, men det är bara för att behålla formen, och vi upptäcker att vi gillar vår rustik och laddad med smak av grönsaksbuljong.
f) Rulla bara din seitan-deg till en stock och låt sjuda i den täckta grytan med grönsaksbuljong i 45 minuter.
g) Efter 45 minuter, förvärm ugnen till 350 ° F och grädda seitanen på en bakplåt i 20 minuter, vänd den efter 10 minuter.

54. Kikärtstofu

Ingredienser till kikärtstofun:

- 2 koppar garbanzo bönmjöl.
- 1/4 kopp dietjäst.
- 2 tsk malen spiskummin.
- 1/2 tsk vitlökspulver.
- 1 tsk nymalen svartpeppar.
- 1/4 tsk cayennepeppar.
- 1 msk kokosolja eller olivolja.
- 1 1/2 tsk salt.

Till tahinisåsen:

- 1/4 kopp tahini.
- 1 vitlöksklyfta, finhackad.
- 1 tsk äppelcidervinäger.
- Nymalen svartpeppar.
- 1 msk svarta sesamfrön.

Vägbeskrivning:

a) Värm ugnen till 400° F. i en stor skål, kombinera alla kikärtstofukomponenter med 3/4 kopp vatten och blanda väl.

b) Klä en ugnsform med bakplåtspapper och samla ihop smeten.

c) Grädda i 20 minuter, eller tills en tandpetare som sticks in i mitten kommer ut snyggt.

d) Ta ut ur ugnen, låt svalna helt och skär i lagom stora bitar.

e) I en separat skål, blanda ihop de aktiva ingredienserna i tahinisåsen och 2 matskedar vatten (tillsätt mer vatten om tahinin är för tjock).

f) Servera kikärtstofun på en bädd av ruccola, toppad med tahinisåsen.

55. Bräserad tofu

Ingredienser:

- 1 lök, skuren i tunna bitar.

- 1 14-ounce blockfast tofu, skuren i 16 rutor.

- 1 msk socker.

- 1/2 -1 matsked koreanskt chilipulver.

- 3 msk sojasås.

- 4 matskedar sake.

- 1 salladslök, skär i tunna skivor.

- Rostade sesamfrön.

Vägbeskrivning:

a) Lägg lökskivorna på en stekpanna eller stekpanna med non-stick, och led sedan med bitar av tofu.

b) Blanda socker, koreanskt chilipulver, sojasås och sake tillsammans. Lägg över tofuskivor.

c) Täck stekpannan med ett lock. Vrid värmen till hög och koka tills det kokar. Vänd värmen till medelhög och låt koka i ytterligare 5 minuter, blanda med såsen ett antal gånger.

d) Ta av locket, vrid tillbaka värmen till hög och koka tills såsen faktiskt har minskat.

e) Stäng av värmen, lägg över på ett serveringsfat, garnera med salladslök och sesamfrön. Servera omedelbart.

56. Kryddig jordnötssmör tempeh

Ingredienser:

- 22 oz tempeh, skuren i 1-tums kuber.
- 6,5 oz vildris, rå.
- Kokosolja spray.

Sås:

- 4 msk jordnötssmör.
- 4 msk sojasås (lågt natrium).
- 4 msk kokossocker.
- 2 msk röd chilisås.
- 2 tsk risvinäger.
- 2 msk ingefära.
- 3 vitlöksklyftor (eller vitlökspasta).
- 6 matskedar vatten.

Kål:

- 5 oz lila kål, rakad/fint skivad.
- 1 lime, endast juice.
- 2 tsk agave/äpple bifri honung.
- 3 tsk sesamolja.

- Garnering:

- Grön lök, hackad.

Vägbeskrivning:

a) Blanda alla ingredienser till den kryddiga jordnötssåsen.

b) Skär tempen i 1-tums (2,5 cm) kuber.

c) Tillsätt sås till tempen, rör om, täck över och marinad i kylen i 2-3 timmar eller helst över natten. Tempeh är faktiskt bra på att insupa smakerna av marinaden.

d) Värm ugnen till 375° F/190° C koka riset enligt anvisningarna på paketet.

e) Lägg tempen på en nonstick-panna, spraya med lite kokosolja, grädda i ugnen i 25-30 minuter. Spara eventuell överbliven marinad till servering.

f) Blanda alla komponenterna till kålen i en skål och ställ åt sidan för att låta den marinera.

57. Rökig kikärts tonfisksallad

Kikärts tonfisk:

- 15 oz. av kokta kikärter på burk eller annat.
- 2-3 matskedar mjölkfri yoghurt eller vegansk majonnäs.
- 2 tsk dijonsenap.
- 1/2 tsk malen spiskummin.
- 1/2 tsk rökt paprika.
- 1 matsked färsk citronsaft.
- 1 selleristjälk tärnad.
- 2 salladslökar hackade.
- Havssalt efter smak.

Smörgåsmontering:

- 4 bitar rågbröd eller groddat vetebröd.
- 1 kopp spenat för spädbarn.
- 1 avokado skivad eller tärnad.
- Salt + peppar.

Vägbeskrivning:

a) Pulsera kikärtorna i en matberedare tills de liknar en grov, smulig konsistens. Häll upp kikärtorna i en medelstor skål och inkludera resten av de aktiva ingredienserna, rör om tills de är väl kombinerade. Krydda med rikligt med havssalt efter egen smak.

b) Lägg babyspenaten i lager på varje brödskiva; lägg till flera högar av tonfisksallad med kikärt, fördela jämnt. Toppa med avokadoskivor, ett par korn havssalt och nymalen peppar.

58. Thailändsk quinoasallad

Till salladen:

- 1/2 kopp kokt quinoa
- 3 msk riven morot.
- 2 msk röd paprika, försiktigt skivad.
- 3 msk gurka, fint skivad.
- 1/2 kopp edamame
- 2 salladslökar, fint hackade.
- 1/4 kopp rödkål, fint skivad.
- 1 msk koriander, försiktigt hackad.
- 2 msk rostade jordnötter, hackade (valfritt).
- Salt.

Thailändsk jordnötsdressing:

- 1 msk krämigt naturligt jordnötssmör.
- 2 tsk lågsaltad sojasås.
- 1 tsk risvinäger.
- 1/2 tsk sesamolja.
- 1/2 - 1 tsk srirachasås (valfritt).
- 1 vitlöksklyfta, försiktigt hackad.

- 1/2 tsk riven ingefära.

- 1 tsk citronsaft.

- 1/2 tsk agavenektar (eller honung).

Vägbeskrivning:

a) Kombinera alla ingredienser för att bära en liten skål och blanda tills det är väl kombinerat.

b) Integrera quinoa med grönsakerna i en mixerskål. Inkludera dressingen och blanda väl för att integrera.

c) Spraya de rostade jordnötterna på toppen och servera!

59. Turkisk bönsallad

Till salladen:

- 1 1/2 dl kokta vita bönor.
- 1/2 kopp hackade tomater.
- 1/2 kopp skivad gurka.
- 2 grön paprika, skivad.
- 1/4 kopp skivad persilja.
- 1/4 kopp hackad färsk dill.
- 1/4 kopp skivad salladslök.
- 4 segkokta ägg.

Klä på sig

- 2 koppar varmt vatten.
- 2 rödlökar, tunt skivade.
- 1 msk citronsaft.
- 1 tsk vinäger.
- 1 tsk salt.
- 1 tsk sumak.

Vägbeskrivning:

a) I en stor skål, kombinera alla komponenter för salladen förutom äggen.

b) Vispa vad som helst till dressingen och lägg det över salladen. Rör om ordentligt och toppa med skivade eller halverade ägg.

c) Kasta skivad lök i riktigt varmt vatten, blanchera i en minut och överför dem i mycket kallt vatten för att sluta koka. Låt dem stå i kallt vatten några minuter och låt rinna av väl.

d) Blanda citronsaft, salt, vinäger och sumak och lägg detta över avrunnen lök. Allt är inställt på att användas inom 5 till 10 minuter. Ju längre den väntar, desto ljusare färg har den.

e) Tillsätt rödlök i salladsblandningen och ge den en utmärkt röra. Lämna lite extra lök på toppen.

f) Dela salladen i skålar och ledande med lite mer rödlök.

60. Grönsaks- och quinoaskålar

Grönsaker:

- 4 medelstora hela morötter.
- 1 1/2 dl kvarterad spädbarnsgul potatis.
- 2 msk lönnsirap.
- 2 msk olivolja.
- 1 nyttig nypa varje havssalt + svartpeppar.
- 1 msk skivad färsk rosmarin.
- 2 dl halverad brysselkål.

Quinoa:

- 1 dl vit quinoa väl sköljd + avrunnen.
- 1 3/4 dl vatten.
- 1 nypa havssalt.

Sås:

- 1/2 kopp tahini.
- 1 medelstor citron, saftad (avkastning - 3 matskedar eller 45 ml).
- 2-3 msk lönnsirap.

För servering valfritt:

- Färska örter (persilja, timjan och så vidare).
- Granatäpple.

Vägbeskrivning:

a) Värm ugnen till 400 grader F (204 ° C) och klä en bakplåt med bakplåtspapper

b) Lägg in morötter och potatis på plåten och ringla över hälften av lönnsirapen, hälften av olivoljan, salt, peppar och rosmarin. Kasta för att integrera. Grädda sedan i 12 minuter.

c) Värm under tiden en panna på medelhög värme. När den är varm, tillsätt sköljd quinoa för att fräsa lätt innan du tillsätter vatten för att förånga överbliven väta och framhäva en nötaktig smak.

d) Förbered i 2-3 minuter, rör ofta. Tillsätt vatten och en nypa salt. Förbered slutligen dressingen.

e) För att servera, dela quinoa och grönsaker mellan serveringsskålar och ledande med en generös klick tahinisås. Ledande med garneringsalternativ som granatäpple eller färska örter.

61. Woka tofu med mandelsmör

Ingredienser

- 1 12-ounce paket extra företagstofu.
- 2 msk sesamolja (delad).
- 4 matskedar reducerad natriumtamari
- 3 msk lönnsirap.
- 2 msk mandelsmör
- 2 msk limejuice.
- 1-2 tsk chili vitlökssås

Grönsaker

- Vildris, vitt ris eller blomkålsris.

Vägbeskrivning:

a) När ugnen är förvärmd, packa upp tofun och skär i små tärningar.

b) Tillsätt under tiden hälften av sesamoljan, tamari, lönnsirap, mandelsmör, limejuice och chilivitlökssås/rödpepparflingor/thailändsk chili i en liten blandningsskål. Blanda för att integrera.

c) Inkludera bakad tofu till mandelsmör-tamarisåsen och låt marinera i 5 minuter, rör om ibland. Ju längre den marinerar desto mer extrem smak, dock upptäcker jag att 5-10 minuter räcker.

d) Hetta upp en stor stekpanna på medelvärme. När den är varm, tillsätt tofun, lämna det mesta av marinaden kvar.

e) Koka i cirka 5 minuter, rör om ibland, tills de fått färg på alla sidor och lite karamelliserad. Ta bort från pannan och ställ åt sidan.

f) Lägg i resterande sesamolja av marinaden i stekpannan.

62. Quinoa kikärts buddha skål

Kikärtor:

- 1 kopp torra kikärter.
- 1/2 tsk havssalt.

Quinoa:

- 1 matsked olivolja, druvkärnolja eller avokadoolja (eller kokosnöt).
- 1 kopp vit quinoa (väl sköljd).
- 1 3/4 kopp vatten.
- 1 nyttig nypa havssalt.

Grönkål:

- 1 stort paket lockigt grönkål

Tahinisås:

- 1/2 kopp tahini.
- 1/4 tsk havssalt.
- 1/4 tsk vitlökspulver.
- 1/4 kopp vatten.
- För servering:
- Färsk citronsaft.

Vägbeskrivning:

a) Blötlägg antingen kikärter över natten i kallt vatten eller använd metoden för snabb blötläggning: Lägg sköljda kikärter i en stor kastrull och täck med 2 tum vatten. Töm, skölj och lägg tillbaka till grytan.

b) För att koka blötlagda kikärter, lägg till i en stor gryta och täck med 2 tum vatten. Låt koka upp över hög värme, sänk sedan värmen till att sjuda, tillsätt salt och rör om och koka utan lock i 40 minuter - 1 timme och 20 minuter.

c) Prova en böna vid 40-minutersmärket för att se hur möra de är. Du letar efter en helt enkelt mjuk böna med lite bett, och skalet kommer att börja avslöja tecken på skalning. Så snart som de är förberedda, häll av bönorna och ställ åt sidan och strö över lite mer salt.

d) Förbered dressingen genom att inkludera tahini, havssalt och vitlökspulver i en liten mixerskål och vispa för att integreras. Tillsätt sedan vatten lite i taget tills det bildar en hällbar sås.

e) Tillsätt 1/2 tum vatten i en medelstor kastrull och låt sjuda på medelvärme. Ta genast bort grönkålen från värmen och lägg över till ett litet fat för servering.

63. Seitan parmesan

Ingredienser:

- 6 matsked avgörande vetegluten.
- 1/2 tsk lökpulver.
- 1/4 tsk fågelörter.
- 1/4 tsk salt.
- 1 matsked tahini.
- 5 msk vegansk kycklingbuljong.
- 1 vegansk äggersättning.
- 6 matskedar mjöl.
- 1/4 tsk lökpulver.
- 1/4 tsk vitlökspulver.
- 1/4 tsk salt.
- Alternativt pasta.
- Favorit pastasås.
- Vegansk ost, till servering.
- 1 stor paranöt, för "parmesan".

Vägbeskrivning:

a) Blanda: 6 msk avgörande vetegluten, 1/2 tsk lökpulver, 1/4 tsk fjäderfäörter och 1/4 tsk salt.

b) Blanda i olika skålar: 1 msk tahini och 5 msk vegansk kycklingbuljong eller vatten.

c) Kombinera rad 1 och 2 tills du har seitan-deg. Knåda degen i en minut.

d) Täck med vatten eller buljong. När det är klart, använd en pappershandduk för att trycka ut lite extra vatten ur biffen.

e) Gör ett veganskt ägg enligt anvisningarna. Använd lite extra vatten för att göra äggsmet på den tunnare sidan.

f) Gör mjölblandning: 6 matskedar mjöl, 1/4 lökpulver, 1/4 vitlökspulver och 1/4 salt.

g) Doppa seitanbiff i mjöl, sedan vegansk äggsmet och mjöl igen. Stek på hög/medelhög värme tills de är gyllenbruna.

h) Servera med pasta, sås och vegansk ost. Smält vegansk ost under "broil"-inställning, om så önskas. Riv paranötter försiktigt till parmesanen.

64. Röda linsbiffar

Till **tomatsåsen:**

- 1 14-ounce burk hackade tomater.
- En skvätt agavesirap.
- 1 matsked olja.
- 1 tsk rött, vitt vin.
- Chili, torkade provenceväxter och paprikapulver efter smak.

Till **linsbiffarna:**

- 1 kopp torra röda linser.
- 1 1/2 koppar plus 3 matskedar vatten.
- 1 tsk vegobuljongpulver.
- 1 tsk gurkmeja.
- 1 lök, tärnad.
- 1 vitlöksklyfta, pressad.
- 1/2 tsk spiskummin.
- 1 linägg.
- 2 matskedar persilja.
- Salta och peppra, efter smak.
- Olja, efter behov.

För att göra tomatsåsen:

a) Tillsätt alla aktiva ingredienser i en kastrull och koka upp. Minimera värmen och låt sjuda i cirka 30 minuter, rör om med jämna mellanrum. Bli av med värmen.

För att göra linsbiffarna:

b) Blanda linser, vatten, grönsaksbuljong och gurkmeja i en kastrull och låt koka upp. Om nödvändigt, sänk värmen och koka tills linserna är mjuka och vattnet absorberas (inkludera mer vatten. Rör om med jämna mellanrum.

c) Stek å andra sidan löken i en stekpanna.

d) Värm ugnen till 390° F. Klä en plåt med bakplåtspapper och smörj med olja.

e) I en skål, integrera linser, lök, vitlök, spiskummin, linägg, persilja, salt och peppar. Blanda väl och låt svalna något.

f) Fukta händerna med vatten, forma linsbiff och lägg på bakplåtspapper. Pensla med lite olja.

g) Grädda den röda linsen i ca 20-25 minuter och servera med tomatsåsen.

65. Ruccola pesto och zucchini

Ingredienser:

- 2 skivor rågtoast
- 1/2 av en avokado.
- 1/2 stor zucchini.
- Gäng vattenkrasse.
- 1 vitlöksklyfta.
- För ruccola pesto:
- 2 stora nävar ruccola.
- 1 dl pinjenötter (eller valfri nöt).
- 1 stor näve spenat.
- Saft av 1 lime.
- 1 tsk havssalt.
- 3 msk olivolja.

Vägbeskrivning:

a) Börja med att göra rucolapeston genom att lägga alla ingredienser i en matkvarn och vispa tills peston blir sammetslen och slät.

b) Fräs zucchinin genom att först skära den i mycket tunna horisontella bitar. Värm den grovt skivade vitlöksklyftan, olivolja, strö över havssalt och ett par skvätt vatten till en liten kastrull på medelvärme.

c) Om zucchinin börjar torka när den tillagas, inkludera zucchinin och fräs i 7 minuter - tillsätt långsamt vatten.

d) Rosta brödet, bred sedan ut peston genom hela toasten, tillsätt zucchinin och skivad avokado, och ledande med vattenkrasse!

66. Vegetarisk gryta

Ingredienser:

- 1 msk oliv- eller rapsolja.
- 1 lök, försiktigt skivad.
- 3 vitlöksklyftor, skivade.
- 1 tsk rökt paprika.
- 1/2 tsk malen spiskummin.
- 1 msk torkad timjan.
- 3 medelstora morötter, skivade.
- 2 medelstora stavar selleri, fint skivad
- 1 röd paprika, skivad.
- 1 gul paprika, skivad.
- 2 x 400 g burk tomater eller skalade körsbärstomater.
- 1 grönsaksbuljongtärning upp till 250 ml
- 2 zucchini, tjocka skivor
- 2 kvistar färsk timjan.
- 250 g kokta linser.

Vägbeskrivning:

a) Värm 1 msk oliv- eller rapsolja i en enorm, överväldigande baserad maträtt. Inkludera 1 finhackad lök och koka försiktigt i 5 – 10 minuter tills den är mjuk.

b) Inkludera 3 skurna vitlöksklyftor, 1 tsk rökt paprika, 1/2 tsk mald spiskummin, 1 msk torkad timjan, 3 skurna morötter, 2 finskurna selleristänger, 1 hackad röd paprika och 1 kluvna gul paprika och koka i 5 minuter.

c) Inkludera två 400 g burkar tomater, 250 ml grönsaksfond (gjord med 1 buljong), 2 tjockt skurna zucchini och 2 kvistar ny timjan och koka i 20 - 25 minuter.

d) Ta ut timjankvistarna. Blanda i 250 g kokta linser och ta tillbaka till en gryta. Present med vilda och vita basmatiris, squash eller quinoa.

67. Rostad brysselkål

Ingredienser:

- 1 lb brysselkål, skuren på mitten.
- 1 schalottenlök, hackad.
- 1 matsked olivolja.
- Salta och peppra, efter smak.
- 2 tsk balsamvinäger.
- 1/4 kopp granatäpplekärnor.
- 1/4 kopp getost, smulad.

Vägbeskrivning:

a) Värm ugnen till 400 ° F. Belägg brysselkålen med olja. Strö över salt och peppar.

b) Överför till en ugnsform. Rosta i ugnen i 20 minuter.

c) Ringla över vinägern.

d) Strö över frön och ost innan servering.

68. Avokado kikärtsmacka

Ingredienser:

- 1 kan inget salt tillsatt kikärter dränerade rör och sköljda.
- 1 stor mogen avokado.
- 1 1/2 msk citronsaft.
- 1/2 tsk varm chilipeppar finhackad.
- Salt och peppar.
- 4 skivor fullkorn odlade bröd.
- 1 stor skatttomat skivad.
- 1/2 kopp söta mikrogrönt.
- 1/2 kopp strimlad morot.
- 1/2 kopp beredda och strimlade betor.

Vägbeskrivning:

a) Mosa avokadon i en skål tills den är relativt slät, tillsätt citronsaft, chilipeppar och kikärter. Krydda med salt och peppar.

b) För att sätta ihop smörgåsen, lägg skivorna av tomater på en brödskiva, lägg till mikrogrönt, rödbetor, kikärtssallad och morötter. Njut av!

69. Panna quinoa

Ingredienser:

- 1 kopp sötpotatis, tärnad.
- 1/2 kopp vatten.
- 1 matsked olivolja.
- 1 lök, hackad.
- 3 vitlöksklyftor, hackade.
- 1 tsk malen spiskummin.
- 1 tsk mald koriander.
- 1/2 tsk chilipulver.
- 1/2 tsk torkad oregano.
- 15 oz svarta bönor, sköljda och avrunna.
- 15 oz rostade tomater.
- 1 1/4 dl grönsaksbuljong.
- 1 kopp fryst majs 1 kopp quinoa (okokt).
- Salt att smaka.
- 1/2 kopp lätt gräddfil.
- 1/2 kopp färska korianderblad.

Vägbeskrivning:

a) Tillsätt vattnet och sötpotatisen i en kastrull på medelvärme. Koka upp.

b) Sänk värmen och koka tills sötpotatisen är mjuk.

c) Tillsätt oljan och löken.

d) Koka i 3 minuter. Rör ner vitlök och kryddor och koka i 1 minut.

e) Tillsätt resten av ingredienserna förutom gräddfilen och koriandern. Koka i 20 minuter.

f) Servera med gräddfil och toppa med koriander innan servering.

70. Klibbig tofu med nudlar

Ingredienser:

- 1/2 stor gurka.
- 100 ml ris rödvinsvinäger.
- 2 msk gyllene strösocker.
- 100 ml vegoolja.
- 200 g pack företagstofu, skuren i 3 cm tärningar.
- 2 msk lönnsirap.
- 4 msk brun eller vit misopasta.
- 30 g vita sesamfrön.
- 250 g torkade sobanudlar.
- 2 vårlökar, strimlad, att servera.

Vägbeskrivning:

a) Använd en skalare och skär tunna band av gurkan, lämna fröna kvar. Lägg banden i en skål och ställ åt sidan. Värm försiktigt vinäger, socker, 1/4 tsk salt och 100 ml vatten i en kastrull på medelvärme i 3-5 minuter tills sockret blir flytande, häll sedan över gurkorna och låt gurka i kylen medan du förbereder tofun .

b) Värm allt utom 1 matsked av oljan i en stor, non-stick stekpanna på medelvärme tills bubblorna börjar stiga till ytan. Ta med tofun och stek i 7-10 minuter.

c) Blanda ihop honung och miso i en liten skål. Bred ut sesamfröna på en tallrik. Pensla den stekta tofun med den klibbiga honungssåsen och lägg undan eventuella rester. Belägg tofun jämnt i fröna, strö över lite salt och låt stå på en varm plats.

d) Förbered nudlarna och blanda med resten av oljan, den återstående såsen och 1 matsked av gurkbetsvätskan. Koka i 3 minuter tills den är genomvärmd.

71. Vegansk BBQ teriyaki tofu

Ingredienser:

- 4 msk lågsaltad sojasås.
- 2 msk mjukt farinsocker.
- Nyp mald ingefära.
- 2 msk mirin.
- 3 tsk sesamolja.
- 350 g block extremt fast tofu (se tips nedan) skuren i tjocka skivor.
- 1/2 msk rapsolja.
- 2 zucchini, skivade horisontellt i strimlor.
- 200 g mör stambroccoli.
- Vita och svarta sesamfrön, att servera.

Vägbeskrivning:

a) Blanda sojasås, mjukt farinsocker, ingefära och mirin med 1 tsk sesamolja och pensla det över hela tofubitarna. Lägg dem i en stor grund måltid och lägg över eventuell resterande marinad. Kyl i minst 1 timme.

b) Värm grillen tills kolen lyser vita, eller värm en stekpanna. Blanda resterande sesamolja med rapsoljan och pensla zucchiniskivorna och broccolin. Grilla (eller grilla) dem över kolen i 7-10 minuter eller tills de gör ont och spara sedan och håll dem varma.

c) Grilla tofubitarna på båda sidor över kolen i 5 minuter (eller använd stekpannan) tills de blir bruna och blir knapriga i kanterna. Servera tofun på en bädd av grönsakerna med den kvarvarande marinaden och strö över sesamfröna.

72. Groddar med gröna bönor

Ingredienser:

- 600 g brysselkål, delad och skär.
- 600 g gröna bönor.
- 1 matsked olivolja.
- Skal och juice 1 citron.
- 4 msk rostade pinjenötter.

Vägbeskrivning:

a) Koka i ett par sekunder, tillsätt sedan grönsakerna och fräs i 3-4 minuter tills groddarna får lite färg.

b) Tillsätt en skvätt citronsaft och salt och peppar efter smak.

73. Crusted tofu med rädisa

Ingredienser:

- 200 g fast tofu.
- 2 msk sesamfrön.
- 1 matsked japansk shichimi togarashi.
- Kryddblandning.
- 1/2 msk majsmjöl.
- 1 msk sesamolja.
- 1 msk vegoolja.
- 200 g mör stambroccoli.
- 100 g sockerärtor.
- 4 rädisor, mycket fint skivade.
- 2 vårlökar, försiktigt skivade.
- 3 kumquats, mycket fint skivade.
- Till dressingen
- 2 msk lågsaltad japansk sojasås.
- 2 msk yuzujuice (eller 1 msk varje lime- och grapefruktjuice).
- 1 tsk gyllene strösocker.

- 1 liten schalottenlök, fint tärnad.

- 1 tsk riven ingefära.

Vägbeskrivning:

a) Dela tofun på mitten, täck väl med hushållspapper och lägg på en tallrik. Lägg en tjock stekpanna ovanpå för att pressa ut vattnet ur den.

b) Blanda ihop sesamfröna, japansk kryddmix och majsmjöl i en skål. Spraya över tofun tills den är väl lagd. Avsätta.

c) Blanda dressingens ingredienser i en liten skål. Koka upp en kastrull med vatten till grönsakerna och värm de två oljorna i en stor stekpanna.

d) När stekpannan är väldigt varm, ta med tofun och stek i cirka 1 minut på varje sida tills den fått fin färg.

e) När vattnet kokar förbereder du broccolin och sockerärtorna i 2-3 minuter.

74. Linslasagne

Ingredienser:

- 1 matsked olivolja.
- 1 lök, hackad.
- 1 morot, skivad.
- 1 st selleri, hackad.
- 1 vitloksklyfta, pressad.
- 2 x 400 g burkar linser, avrunna, sköljda.
- 1 msk majsmjöl.
- 400 g burk hackad tomat.
- 1 tsk svampketchup.
- 1 tsk skivad oregano (eller 1 tsk torkad).
- 1 tsk vegetabiliskt fondpulver.
- 2 blomkålshuvuden, delade i buketter.
- 2 msk osötad sojamjölk.
- Nypa nyriven muskotnöt.
- 9 torkade äggfria lasagneplattor.

Vägbeskrivning:

a) Hetta upp oljan i en kastrull, tillsätt morot, selleri och lök och förbered försiktigt i 10-15 minuter tills de är mjuka. Tillsätt vitlöken, koka ett par minuter och rör sedan ner linser och majsmjöl.

b) Tillsätt tomaterna plus en burk full med vatten, svampen catsup, oregano, fondpulver och lite kryddor. Sjud i 15 minuter, rör om då och då.

c) Koka blomkålen i en kastrull med kokande vatten i 10 minuter eller tills den är mjuk. Töm rören och mosa sedan med sojamjölken med en stavmixer eller matkvarn. Krydda väl och ta med muskotnöt.

d) Ta med ytterligare en tredjedel av linsblandningen, bred sedan ut en tredjedel av blomkålspurén ovanpå, följt av ett lager pasta. Toppa med den sista tredjedelen linser och lasagne, följt av resterande puré.

e) Täck löst med folie och grädda i 35-45 minuter, ta bort folien under de sista 10 minuterna av tillagningen.

75. Linseköttbullar

Till **köttbullarna**:

- 3/4 kopp torkade bruna och gröna eller franska linser.

- 1 1/2 dl grönsaksbuljong med låg natriumhalt - eller kycklingbuljong, plus extra efter behov.

- 2 tsk olivolja.

- 1/2 kopp tärnad gul lök - ca 1/2 medelstor lök.

- 1 kopp strimlade morötter.

- 2 vitlöksklyftor - hackad (ca 2 tsk).

- 1/2 kopp gammaldags rullad havre-- eller snabbkokt havre, använd inte omedelbar eller stålskuren.

- 1/4 kopp hackad färsk italiensk persilja.

- 1 1/2 msk tomatpuré.

- 1 tsk torkad oregano.

- 1/2 tsk kosher salt.

- 1/4 tsk svartpeppar.

- 1 stort ägg.

a) Förbered hela vete pastanudlar zucchininudlar eller sötpotatisnudlar..

b) Tillsätt de sköljda linserna i en medelstor kastrull med grönsaksbuljongen.

c) Koka lök, vitlök och morötter i olja.

d) Pulsera havre och persilja några gånger för att börja bryta upp havren. Tillsätt de förberedda linserna, lökblandningen, tomatpurén, oregano, salt och peppar och knäck sedan i ägget. Pulsera några gånger till tills mixen är integrerad men linserna har fortfarande lite konsistens.

e) Rulla linsblandningen till bollar som är ungefär 1 1/2 tum i diameter, ungefär lika stora som en golfboll. Koka i 10 minuter.

76. Medaljonger med hasselnötsskorpor

Ingredienser

- 10 uns fläskfilé, skivad i ½-tums tjocka rundlar

- 1 tsk dijonsenap

- ½ kopp finhackade hasselnötter

- 2 msk hackad färsk basilika

- Salt och nymald svartpeppar efter smak

- 2 matskedar olivolja

- 1 kopp lågnatrium kycklingbuljong

- ¼ kopp halv-och-halv grädde

- 1 dl skivade rödbetor, avrunna

a) Med en klubba eller köttpund, slå varje fläskrunda mellan ark av vaxpapper tills ¼ tums tjocklek. Blanda senap, hasselnötter, basilika samt salt och peppar i en skål.

b) Muddra fläskmedaljongerna i senapsblandningen och ställ åt sidan. Värm en torr stekpanna i 2 minuter, tillsätt sedan oljan och värm på medelhög värme i 1 minut. Tillsätt de muddrade fläskmedaljongerna och fräs i 30 sekunder till 1 minut per sida tills nötterna är lätt brynta (fläsket kommer att koka klart i såsen).

c) Ta ut medaljongerna från pannan och håll dem varma. Tillsätt buljongen i pannan och avglasera, skrapa upp alla bruna bitar som fastnar i botten. Rör ner grädden och låt sjuda i 3 minuter till. Lägg tillbaka medaljongerna i såsen och koka i ytterligare 2 minuter.

d) Lägg upp rödbetsskivorna på två tallrikar. Lägg varje medaljong över en rödbetsskiva och servera på en gång.

77. Fläskkotletter med njutning

NJUTA AV

- ¼ kopp hackade plommontomater
- ¼ kopp hackad rödlök
- 2 msk rödvinsvinäger
- 2 matskedar extra virgin olivolja
- 1 vitlöksklyfta, hackad
- 2 msk hackad färsk basilika
- 1 tsk torkad oregano
- ½ tsk salt
- Nymalen svartpeppar efter smak

MARINAD

- 2 msk rödvinsvinäger
- 2 matskedar olivolja
- 1 vitlöksklyfta, hackad
- Två 10-ounce tjockskurna fläskkotletter
- Salt och nymald svartpeppar efter smak
- 2 matskedar vegetabilisk olja hackad färsk plattbladig persilja

- Färska parmesanost lockar till garnering

a) Rör ihop relish-ingredienserna i en liten skål. Ställ den åt sidan.

b) Vispa marinadblandningen i en grund ugnsform. Lägg fläskkotletterna i marinaden, vänd så att de täcker båda sidorna och ställ åt sidan i 10 minuter. Ta nu bort kotletterna från marinaden och rinna av överskottet. Salta och peppra kotletterna generöst.

c) Värm en torr gjutjärnspanna i 3 minuter över hög värme. Tillsätt vegetabilisk olja och värm i 1 minut till. Lägg kotletterna i den heta oljan och koka till medium-rare, 3 till 4 minuter per sida, eller till önskad grad av klarhet.

d) Lägg kotletterna på ett fat, toppa med relish, hackad persilja och lockar av parmesanost. Servera på en gång.

78. Fläsk med spaghetti squash

Ingredienser

- 1 tsk olivolja
- 12 uns fläskfilé, skuren i 1-tums tjocka medaljonger
- ½ tsk kosher salt
- ¼ tesked nymalen svartpeppar
- 1 msk hackad schalottenlök
- 1 dl torrt rött vin
- ¼ tesked majsstärkelse
- Rivet skal från ½ citron plus 2 tsk färsk citronsaft
- 1 msk helfrukt (ej tillsatt socker) röda vinbärsgelé
- 1 tsk dijonsenap
- 2 koppar rostad spaghetti squash

a) Värm en stor stekpanna på medelhög värme och filma den sedan med oljan. Torka under tiden fläskbitarna på hushållspapper och krydda med salt och peppar. Fräs tills de är knapriga och bruna på utsidan, och inte längre rosa i mitten, 3 till 4 minuter per sida. Överför till uppvärmda middagstallrikar och reservera.

b) Tillsätt schalottenlök i pannan och koka ca 30 sekunder. Tillsätt vinet, låt koka upp och reducera till cirka ¼ kopp, 5 minuter eller så. Lös upp majsstärkelsen i citronsaften och vispa ner den i såsen. Koka, rör om, tills såsen är tjock och ser satinig ut. Ta av från värmen och rör ner gelé och senap. Smaka av och justera kryddor med salt och peppar.

c) För att servera, gör ett bo av Rostad Spaghetti Squash på varje tallrik och toppa med fläskmedaljonger och sås.

79. Kryddig quinoa falafel

Ingredienser:

- 1 kopp kokt quinoa.
- 1 burk garbanzobönor.
- Hälften av en liten rödlök.
- 1 matsked tahini.
- 2 tsk spiskumminpulver.
- 1 tsk korianderpulver.
- 1/4 kopp hackad persilja.
- 3 vitlöksklyftor.
- Saften av en halv citron.
- 1 msk kokosolja.
- 1 matsked tamari (GF-sojasås).
- 1/2 - 1 tsk chiliflakes.
- Beredning av havssalt.

Vägbeskrivning:

a) Kasta garbanzobönor, rödlök, vitlök, tahini, chiliflakes, spiskummin, koriander, citronsaft och salt i en matkvarn och pulsera av och på i 15 sekunder så att det bryter ner bönorna, men t puré dem.

b) Rulla blandningen med händerna till små bollar (ca 2 msk deg till varje) och lägg på en plåt.

c) Ställ dem i kylen i 1 timme.

d) Strö över lite mjöl på båda sidor.

e) Hetta upp kokosolja i en stor panna på medelvärme.

f) Lägg i falafelbollarna och stek 3-5 minuter på varje sida.

80. Butternut squash galette

Ingredienser:

- 1 1/2 dl dinkelmjöl.
- 6-8 salviablad.
- 1/4 dl kallt vatten.
- 6 matskedar kokosolja.
- Havssalt.
- För fyllningen:
- 1 matsked olivolja.
- 1/4 rödlök, tunt skivad.
- 1 msk salviablad.
- 1/2 rött äpple, mycket fint skivat.
- 1/4 butternut squash, skinnet borttaget och mycket fint skivat.
- 1 msk kokosolja, delad och bokad för topping.
- 2 msk salvia, reserverad för topping.
- Havssalt.

Vägbeskrivning:

a) Värm din ugn till 350 ° F.

b) Gör skorpan genom att tillsätta mjöl, havssalt och salviabladen i matkvarnen. Tillsätt gradvis kokosoljan och vattnet och pulsera regelbundet eftersom detta försiktigt smälter in i mjölet. Puls bara tillräckligt upp tills komponenterna integreras, 30 sekunder eller så.

c) Under tiden gör du fyllningen. Värm olivoljan i en liten panna på medelhög värme. Lägg i löken, en nypa salt, en tesked salviablad och fräs i cirka 5 minuter. Lägg detta åt sidan när du kavlar ut din deg till en cirkel, cirka 1/4 tum tjock.

d) Blanda squash och äpplen i en liten skål med en klick olivolja och havssalt. Lägg på butternutsquashen och äppelskivorna ovanpå löken (helt enkelt som du ser det på bilden).

e) Vik försiktigt kanterna på skorpan ovanpå squashens yttersidor.

f) Lägg i små bitar av kokosoljan ovanpå galetten, tillsammans med salviabladen, och grädda i ugnen i 20-25 minuter, eller tills skorpan är flagnande och squashen är genomstekt.

81. Quinoa med currypasta

Ingredienser

- 2 matskedar av stjälken av den färska koriandern.
- 2 små nävar färska korianderblad.
- 6 vitlöksklyftor.
- 1 matsked pulveriserad koriander.
- 1/2 matsked pulveriserad spiskummin.
- 1-tums bit ingefära (utan skal).
- Saft av 1 lime.
- 1 st citrongrässtjälk
- 1/2 kopp schalottenlök eller vitlök.
- 1 tsk chiliflakes.
- Havssalt.
- grön curry

Vägbeskrivning:

a) Börja med att göra currypastan genom att bara blanda allt i matkvarnen tills det är väl blandat och malt ner till en pasta.

b) Nu till curryn - på medelhög/hög värme värm kokosoljan och löken i 5 minuter. Inkludera alla grönsaker, kokossocker, currypasta och 1/4 dl vatten och låt detta puttra med locket på i cirka 10 minuter.

c) Tillsätt mer vatten gradvis så att grönsakerna inte bränns. Så snart grönsakerna har kokat ner, inkludera kokosmjölken och 1 dl vatten och koka i ytterligare 10 minuter tills grönsakerna är helt kokta. Rör ner färsk limejuice, ytterligare korianderblad och, ledande över brunt ris eller quinoa!

82. Bakat rökigt morotsbacon

Ingredienser:

- 3 stora morötter.
- 2 msk rapsolja.
- 1 tsk vitlökspulver.
- 1 tsk rökt paprika.
- 1 tsk salt.

Vägbeskrivning:

a) Tvätta moroten (ingen krav på att skala) och dela på längden med en mandolin. Lägg morotsremsorna på en bakplåtspapperklädd plåt. Värm ugnen till 320 ° F. Rör ihop kvarvarande komponenter i en liten skål och pensla sedan morotsremsor på båda sidor.

b) Sätt in i ugnen i 15 minuter, eller när morotsstrimlorna är vågiga.

83. Lax över spaghetti squash

Ingredienser

- ½ tsk femkryddspulver
- 1 tsk rivet apelsinskal
- ½ tsk socker
- ¼ tesked kosher salt
- ½ tsk nymalen svartpeppar
- Två 6-ounce laxfiléer
- 2 tsk dijonsenap
- 1 msk jordnötsolja
- 2 koppar rostad spaghetti squash
- 2 msk hackad färsk koriander

a) Rör samman fem-kryddspulvret med apelsinskal, socker, salt och peppar i en liten skål. Gnid in båda sidorna av filéerna på vaxpapper. Pensla senap på filéerna.

b) Värm en stor stekpanna på medelhög värme och filma sedan botten med oljan. Stek filéerna i pannan, vänd endast en gång, tills de är knapriga och bruna på utsidan, totalt 5 till 8 minuter.

c) Dela under tiden squashen mellan två värmda middagstallrikar. Toppa med fiskfiléerna och garnera med koriander.

84. Pocherad lax på purjolök

Ingredienser

- 4 koppar (två 15½-ounce burkar) kycklingbuljong med låg natriumhalt
- 1 kopp vatten
- 3 matskedar herbes de Provence
- 1 medium purjolök, tärnad och rensad (se anmärkning)
- Två 6-ounce laxfiléer
- 2 matskedar osaltat smör ¼ kopp tung grädde

a) I en stor stekpanna med tättslutande lock kombinerar du kycklingbuljongen, vattnet och örterna från Provence. Koka upp på hög värme, täck över och sänk sedan värmen till medel-låg. Tillsätt purjolöken och koka i 7 till 10 minuter.

b) Lägg laxfiléerna ovanpå purjolöken med skinnsidan nedåt, täck över och koka i 4 till 5 minuter, eller tills laxen är ogenomskinlig. Använd en hålslev eller tång, ta upp laxen och purjolöken till en varm tallrik och täck. Tillsätt smör och grädde i pannan och koka i 5 minuter och reducera såsen.

c) Dela såsen mellan två sopptallrikar. Toppa med purjolök, sedan lax. Servera omedelbart.

85. Grillad svärdfisk med salsa

Ingredienser

- Två 6-ounce benfria, skinnfria svärdfiskbiffar, ¾ tum tjocka
- 1 msk olivolja
- 2 dl strimlad isbergssallad
- 1 dl skivade rädisor
- 1 Hass avokado
- 2 matskedar salsa av bästa kvalitet pumpad upp med lite färsk koriander
- Rivet skal och saft av 1 lime

a) Förvärm gasol-, kol- eller elgrillen. Pensla fisken med olivolja på båda sidor. Grilla fisken, vänd en gång efter att den har fått färg på botten (cirka 2 minuter), avsluta sedan på den andra sidan och tillaga tills fisken är genomskinlig i mitten (2 till 3 minuter till).

b) Gör under tiden en bädd av sallad, rädisor och avokado på två uppvärmda mattallrikar. Överför den tillagade fisken till tallrikarna och toppa varje biff med en stor klick salsa. Pressa limesaft över allt och strö över skal.

86. Tonfiskbiffar med majonnäs

Ingredienser

- 2 tsk majonnäs

- 2 msk malet färsk eller 2 tsk torkad dragon plus dragonkvistar för garnering

- Två 6-ounce tonfiskbiffar, 1 tum tjocka

- Salta och hackad peppar efter smak

- 1 tsk olivolja

- Squashed Winter Squash

a) Rör ihop majonnäs och dragon i en liten skål. Täck över och ställ åt sidan. Hetta upp en tjock stekpanna eller räfflad grillpanna på medelhög värme. Torka tonfisken med hushållspapper och smaka av med salt och hackad peppar.

b) Dutta olivolja över fiskens yta. Pan grill ca 3 minuter per sida för medium. Överför till uppvärmda middagstallrikar. Toppa varje biff med en klick dragonmajonnäs och garnera med dragonkvistar. Lägg en hög squash bredvid tonfisken.

87. Klämda vintersquash

Ingredienser

- En ½-pund vintersquash (butternut, hubbard)
- 2 msk osaltat smör
- Salt och nymald svartpeppar efter smak

a) Pricka squashens yta på flera ställen med en gaffel. Placera den i mikrovågsugnen och koka på hög tills den är mjuk, cirka 8 minuter.

88. Spittar pilgrimsmusslor

Ingredienser

- 2 uns tunt skivad prosciutto
- 12 stora färska basilikablad
- 12 uns stora havsmusslor

KRÄMD SPENAT

- 1 msk olivolja
- 12 uns färsk babyspenat
- 2 msk grädde
- Salt att smaka
- ½ tsk nymalen svartpeppar
- Nypa nyriven muskotnöt

a) Blötlägg 12 små träspett i vatten i minst 20 minuter. Lägg en prosciuttoskiva på en arbetsyta och lägg sedan ett basilikablad i ena änden. Toppa med en pilgrimsmussla. Linda prosciutton runt pilgrimsmusslan och basilikan, stoppa in sidorna. Upprepa processen för att göra 12 paket. Trä på de blötlagda spetten, täck över och ställ dem åt sidan. Hetta upp en grill eller en stor stekpanna.

b) Grilla paketen över medelstor koleld eller i en stekpanna, filmad med lite av olivoljan, tills prosciutton börjar fräsa.

Vänd en gång och fortsätt tillagningen, inte mer än 5 minuter totalt.

c) Under tiden fräs spenaten i en stor stekpanna med lite av oljan, bara tills den vissnat. Tillsätt grädden, smaka av med salt, peppar och lite muskotnöt. För att servera, gör en bädd av gräddad spenat på var och en av två värmda middagstallrikar. Dra av pilgrimsmusslanspaketet från spetten och lägg dem på spenaten.

89. Seitan och svarta bönor

Till såsen:

- 400 g burk svarta bönor, dränerade rör och tvättade.
- 75 g mörkbrunt mjukt socker.
- 3 vitlöksklyftor.
- 2 msk sojasås.
- 1 tsk kinesiskt pulver med fem kryddor.
- 2 msk risvinäger.
- 1 msk slätt jordnötssmör.
- 1 röd chili, finhackad.

Till wokningen:

- 350 g burkmarinad seitanbitar.
- 1 msk majsmjöl.
- 2-3 matskedar vegetabilisk olja.
- 1 röd paprika, skivad.
- 300 g pak choi, skivad.
- 2 vårlökar, skivade.
- Förberedda risnudlar eller ris, att servera.

Vägbeskrivning:

a) Börja med att göra såsen, lägg hälften av bönorna i skålen på en matkvarn med resten av de aktiva ingredienserna och tillsätt 50 ml vatten. Krydda och blanda sedan tills det är slätt. Lägg i en kastrull och värm försiktigt i cirka 5 minuter eller uppåt tills den är blank och tjock.

b) Låt seitanen rinna av och torka torrt med matlagningspapper. Kasta seitanbitarna i en skål med majsmjölet och reserverat. Värm din wok till en hög temperaturnivå, tillsätt lite olja och sedan seitanen - du kan behöva göra detta i omgångar. Stek i cirka 5 minuter tills de är gyllenbruna i kanterna. Ta bort seitanen från woken med en hålslev och lägg åt sidan på en tallrik.

c) Om woken är torr i detta skede, tillsätt 1 tsk vegoolja. Förbered i 3-4 minuter, sätt sedan tillbaka seitanen i pannan, rör ner såsen och låt koka upp i 1 min.

90. Curry tofu täcker

Ingredienser:

- 1/2 rödkål, strimlad.
- 4 laddade matskedar mjölkfri yoghurt
- 3 msk myntasås.
- 3 x 200 g förpackningar tofu, vardera skuren i 15 kuber.
- 2 msk tandoori currypasta.
- 2 matskedar olja.
- 2 lökar, skivade.
- 2 stora vitlöksklyftor, skivade.
- 8 chapattis.
- 2 limefrukter, skurna i fjärdedelar.

Vägbeskrivning:

a) Blanda kål, yoghurt och myntasås, krydda och reservera. Kasta tofun med tandooripasta och 1 matsked av oljan. Hetta upp en stekpanna och koka tofun, i omgångar, några minuter på varje sida tills den är gyllene. Ta bort från pannan med en hålslev och.

b) Tillsätt den kvarvarande oljan i pannan, rör ner lök och vitlök och koka i 8-10 minuter tills de mjuknat. Lägg tillbaka tofun i pannan och krydda väl.

c) Värm chapattisen enligt anvisningarna på förpackningen, och led sedan var och en med lite kål, följt av currytofun och en stor kläm lime.

91. Thailändsk sallad med tempeh

Sallad:

- 6 uns vermicelli nudlar
- 2 medelstora hela morötter, "bandade" med en grönsaksskalare eller spiralizer.
- 2 stjälkar salladslökar
- 1/4 kopp skivad koriander.
- 2-3 msk skivad mynta.
- 1 dl löst packad spenat
- 1 dl mycket fint skivad rödkål.
- 1 medelstor röd paprika.
- 1 sats marinerad jordnötstempeh.

Klä på sig:

- 1/3 kopp saltat sammetslent jordnötssmör, mandelsmör eller solsmör.
- 3 msk glutenfri tamari.
- 3 msk lönnsirap.
- 1 tsk chili vitlökssås
- 1 medium lime, pressad (avkastning - 3 matskedar eller 45 ml).

- 1/4 kopp vatten (för tunt).

Vägbeskrivning:

a) Koka risnudlar enligt förpackningens riktlinjer, skölj, låt rinna av och låt svalna.

b) Till en stor serveringsskål, tillsätt kokta och kylda nudlar, morötter, salladslök, koriander, mynta, spenat, kål och röd paprika och blanda löst för att integreras. Boka.

c) Gör dressing.

d) Inkludera 1/2 av tempeh (valfritt) och 1/2 av såsen till salladen och blanda. Ledning med resterande tempeh och sås. Servera omedelbart.

92. Pfylld quinoabar

Ingredienser:

- 3 msk kokosolja.
- 1/2 kopp rå kakaopulver.
- 1/3 kopp lönnsirap.
- 1 matsked tahini
- 1 tsk kanel.
- 1 tsk vaniljpulver.
- Havssalt.

Vägbeskrivning:

a) Smält kokosolja, rå kakao, tahini, kanel, lönnhavet, sirap och vaniljsalt i en liten kastrull på medelhög värme tills det blir en tjockare chokladblandning.

b) Lägg chokladsåsen över den poppade quinoan och blanda väl. Ös en stor matsked av chokladcrispies i små bakformar.

c) Ställ in dem i frysen i minst 20 minuter för att stelna. Förvara i frysen och njut!

93. Cchoklad chunk cookies

Ingredienser:

- 2 koppar glutenfritt mjöl för alla ändamål.
- 1 tsk bakpulver.
- 1 tsk havssalt.
- 1/4 kopp vegansk yoghurt.
- 7 msk veganskt smör.
- 3 msk cashewsmör
- 1 1/4 kopp kokossocker.
- 2 chiaägg.
- Mörk chokladkaka, inbrott portioner.

Vägbeskrivning:

a) Värm ugnen till 375 ° F

b) Blanda glutenfritt mjöl, salt och bakpulver i en medelstor blandningsskål. Ställ åt sidan medan du smälter smöret.

c) Tillsätt smöret, yoghurten, cashewsmöret, kokossockret i en skål och blanda i ett par minuter med hjälp av ett mixerställ eller stavmixer.

d) Ta med chiaäggen och blanda väl.

e) Tillsätt mjölet till chiaäggsblandningen och blanda på låg nivå tills den är integrerad.

f) Vänd ner chokladbitarna.

g) Ställ degen i kylen för att stelna i 30 minuter.

h) Ta ut degen från kylskåpet och låt den komma ner till rumstemperatur, ca 10 minuter, och klä en plåt med bakplåtspapper.

i) Använd dina händer och ös upp 1 1/2 msk storlek kakdeg på bakplåtspappret. Lämna lite utrymme mellan varje kaka.

j) Grädda kakorna i 9-11 minuter. Njut av!

94. Shelvete edamame dip

Ingredienser:

- 1/2 kopp skivad rödlök.
- Saft av 1 lime.
- Havssalt.
- En handfull koriander.
- Tärnade tomater (valfritt).
- Chiliflakes.

Vägbeskrivning:

a) Pulsera bara löken i en mixer i några sekunder. Tillsätt sedan resten av de aktiva ingredienserna och pulsera tills edamamen blandas till stora portioner.

b) Njut av som pålägg på rostat bröd, till en smörgås, som dipp eller som pestosås!

95. Matcha cashewkoppar

Ingredienser:

- 2/3 kopp kakaosmör.

- 3/4 kopp kakaopulver.

- 1/3 kopp lönnsirap.

- 1/2 kopp cashewsmör, eller vad du vill.

- 2 tsk matchapulver.

- Havssalt.

Vägbeskrivning:

a) Fyll en liten panna med 1/3 kopp vatten och placera en skål ovanpå, som täcker pannan. När skålen är varm och vattnet under kokar smälter kakaosmöret inuti skålen, sätt på värmen och. När det har smält, ta bort från värmen och rör ner lönnsirap och kakao i ett par minuter tills chokladen tjocknar.

b) Använd en medelstor muffinshållare och fyll det nedre lagret med en generös matsked av chokladblandningen. Ställ in dem i frysen i 15 minuter för att stelna.

c) Ta ut den frysta chokladen ur frysen och lägg 1 msk storlek av matcha/cashewsmördegen ovanpå det frysta chokladlagret. Strö över havssalt och låt stå i frysen i 15 minuter.

96. Cchokoladeskivor av kikärt

Ingredienser:

- 400 g burk kikärter, sköljda, avrunna.
- 250 g mandelsmör.
- 70 ml lönnsirap.
- 15 ml vaniljpasta.
- 1 nypa salt.
- 2 g bakpulver.
- 2 g bakpulver.
- 40 g veganska chokladchips.

Vägbeskrivning:

a) Värm ugnen till 180°C/350°F.

b) Smörj en stor bakform med kokosolja.

c) Kombinera kikärter, mandelsmör, lönnsirap, vanilj, salt, bakpulver och bakpulver i en matmixer.

d) Mixa tills det är slätt. Rör ner hälften av chokladbitarna, fördela smeten i den förberedda bakformen.

e) Strö över reserverade chokladchips.

f) Grädda i 45-50 minuter eller tills en insatt tandpetare kommer ut ren.

97. Svet gröna kakor

Ingredienser:

- 165 g gröna ärtor.
- 80 g hackade medjool dadlar.
- 60 g silken tofu, mosad.
- 100 g mandelmjöl.
- 1 tsk bakpulver.
- 12 mandlar.

Vägbeskrivning:

a) Värm ugnen till 180°C/350°F.

b) Kombinera ärtor och dadlar i en matberedare.

c) Bearbeta tills den tjocka pastan bildas.

d) Överför ärtblandningen i en skål. Rör ner tofu, mandelmjöl och bakpulver. Forma blandningen till 12 bollar.

e) Lägg bollarna på en plåt, klädd med bakplåtspapper. Platta ut varje boll med oljad handflata.

f) Sätt i en mandel i varje kaka. Grädda kakorna i 25-30 minuter eller tills de är mjukt gyllene.

g) Kyl på galler innan servering.

98. Banana barer

Ingredienser:

- 130 g slätt jordnötssmör.
- 60 ml lönnsirap.
- 1 banan, mosad.
- 45 ml vatten.
- 15 g malda linfrön.
- 95 g kokt quinoa.
- 25 g chiafrön.
- 5 ml vanilj.
- 90 g snabbkokhavre.
- 55 g fullkornsmjöl.
- 5 g bakpulver.
- 5 g kanel.
- 1 nypa salt.
- Garnering:
- 5 ml smält kokosolja.
- 30 g vegansk choklad, hackad.

Vägbeskrivning:

a) Värm ugnen till 180°C/350°F.

b) Klä 16 cm ugnsform med bakplåtspapper.

c) Blanda linfrön och vatten i en liten skål. Lägg åt sidan 10 minuter.

d) I en separat skål, kombinera jordnötssmör, lönnsirap och banan. Vänd ner linfröblandningen.

e) När du har en slät blandning, rör ner quinoa, chiafrön, vaniljextrakt, havre, fullkornsmjöl, bakpulver, kanel och salt.

f) Häll smeten i förberedd ugnsform. Skär i 8 barer.

g) Grädda stängerna i 30 minuter.

h) Under tiden gör du toppingen; kombinera choklad och kokosolja i en värmesäker skål. Ställ över sjudande vatten, tills det smält.

i) Ta ut stängerna från ugnen. Lägg på galler i 15 minuter för att svalna. Ta bort barerna från ugnsformen och ringla över chokladtoppning. Tjäna.

99. Protein munkar

Ingredienser:

- 85 g kokosmjöl.
- 110 g grodda brunt risproteinpulver med vaniljsmak.
- 25 g mandelmjöl.
- 50 g lönnsocker.
- 30 ml smält kokosolja.
- 8 g bakpulver.
- 115 ml sojamjölk.
- 1/2 tsk äppelcidervinäger.
- 1/2 tsk vaniljpasta.
- 1/2 tsk kanel.
- 30 ml ekologisk äppelmos.
- Ytterligare:
- 30 g pulveriserat kokossocker.
- 10 g kanel.

Vägbeskrivning:

a) Blanda alla torra ingredienser i en skål.

b) I en separat skål, vispa mjölken med äppelmos, kokosolja och cidervinäger.

c) Vik ihop de våta ingredienserna till torra och rör om tills de är ordentligt blandade.

d) Värm ugnen till 180°C/350°F och smörj en munkform med 10 hål.

e) Häll den beredda smeten i en smord munkform.

f) Grädda munkarna i 15-20 minuter.

g) Medan munkarna fortfarande är varma, strö över kokossocker och kanel. Servera varm.

100. Honey-sesam tofu

Ingredienser:

- 12 uns extra fast tofu, avrunnen och klappad torr.
- Olja eller matlagningsspray.
- 2 matskedar sojasås med reducerad natrium eller tamari.
- 3 vitloksklyftor, hackade.
- 1 matsked honung.
- 1 matsked riven skalad färsk ingefära.
- 1 tsk rostad sesamolja.
- 1 pund gröna bönor, putsade.
- 2 msk olivolja.
- 1/4 tsk röd paprikaflingor (valfritt).
- Kosher salt.
- Nymalen svartpeppar.
- 1 medelstor salladslök, mycket fint skivad.
- 1/4 tsk sesamfrön.

Vägbeskrivning:

a) Ställ åt sidan i 10 till 30 minuter. Vispa sojasås eller tamari, vitlök, honung, ingefära och sesamolja tillsammans i en stor skål; avsätta.

b) Skär tofun i trianglar och placera i ett enda lager på ena halvan av den förberedda bakplåten. Ringla över sojablandningen. Grädda tills den är gyllenbrun på botten, 12 till 13 minuter.

c) Vänd på tofun. Lägg de gröna bönorna i ett enda lager på den andra halvan av bakplåten. Ringla över olivolja och spraya med rödpepparflingorna; krydda med salt och peppar.

d) Återgå till ugnen och grädda tills tofun är gyllenbrun på andra sidan, 10 till 12 minuter till. Strö över salladslöken och sesamfrön och servera direkt.

SLUTSATS

Det finns många saker som kan bidra till din framgång, men huvudsaken är du! Låt inte andra ta dig ner, bodybuilding medan du äter en vegansk kost kan ofta ge negativa kommentarer från andra. Valde att ignorera det och bevisa att de hade fel.

Så länge du följer en kostplan som består av mycket protein, kolhydrater, fett, frukt och grönsaker och går framåt i jämn takt med övningarna finns det ingen anledning till att du ska misslyckas. Du behöver bara hålla dig motiverad och hålla fast vid det. När du väl har tillämpat all kunskap och teknik du har lärt dig från den här guiden, plus din egen forskning, finns det inget som hindrar dig – så sätt igång och lycka till!

www.ingramcontent.com/pod-product-compliance
Lightning Source LLC
Chambersburg PA
CBHW070508120526
44590CB00013B/783